한국의 정당정치

: 지구당 부활 논란을 중심으로

한국의 정당정치

지구당 부활 논란을 중심으로

이정진 지음

정치연구총서 09

버니온더문

◆ 들어가는 말 ◆

필자는 정당정치를 전공한 학자로서 평소 정당을 쉽게 이해할 수 있도록 설명된 책자가 없다는 점이 의문이었다. 한국 사람들은 정치에 관심이 많다. 명절 때 친지들이 모이면 밥상머리의 주된 화두 중 하나는 정치권 이야기이고, 각자 어느 당을 지지하는지, 다음 선거에서 누구를 선택할지 등에 대한 이야기를 일상적으로 나눈다. 최근에는 정당 간 거리가 넓어지고, 여야 간에 적대적 태도가 강화되면서 지지하는 정당이 다르면 정치 이야기를 하기도 불편한 분위기가 연출된다.

이처럼 한국인들은 정치와 정치인, 특히 정당에 관심이 많지만 실제 정당구조가 어떤지, 정당에 가입하려면 어떤 절차를 거쳐야 하는지 등에 대해서는 잘 모른다. 이는 아마도 정치에 대한 관심은 높지만, 정치인에 대한 불신이 크고, 정치는 일반 국민들이 아닌 정치인들만의 영역이라는 인식이 깔려 있기 때문일 것이다. 공공기관에 대한 신뢰도 조사에서 매번 국회와 국회의원들이 최하위를 기록하는 현상이 정치, 그리고 정당을 바라보는 우리의 시각을 보여준다.

하지만 정치 불신이 정치에 대한 무시, 혹은 정치 외면으로 이어지면 그 피해는 고스란히 국민 모두에게 돌아온다. 대표적인 정치권이라고 할 수 있는 국회와 정부의 경우만 보더라도 국민에게 직간접으로 영향을 미치는 정책이나 제도들이 정부에서 결정되고, 이를 뒷받침하는 입법은 국회에서 이루어진다. 그 과정에서 국민들이 참여할 수 있는 여지는 크지 않다. 다만 정부의 수장인 대통령을 국민이 선출하기 때문에 5년마다 실시되는 대선을 통해 자신이 지지하는 정책을 내세운 정당의 후보를 선택함으로써 정부 정책의 큰 틀에 영향을 미칠 수 있다. 국회를 구성하는 국회의원들 또한 국민들의 선거를 통해 선출된다. 선거에 출마하는 국회의원 후보들은 자신이 출마하는 지역구에 대한 정책과 공약을 통해 지역 주민들의 선택을 받고자 한다. 또한 정당 차원에서 분야별 정책과 공약을 통해 당에서 추천하는 후보를 선택해줄 것을 국민들에게 호소하며, 비례대표후보는 정당 선택의 결과로 결정된다.

최근에는 4년마다 지방선거가 실시되는데, 시장이나 도지사, 구청장과 군수, 지방의회의원을 선출한다. 지방선거의 경우 한 번에 7명이나 되는 공직 후보자를 선택하는 선거여서 정당이 선택의 기준이 되는 경우가 많다. 대통령은 물론이고 총선과 지방선거에 출마하는 공직 후보들이 정당의 추천을 받아 선거에 출마한다는 점에서 정당은 우리 정치를 움직이는 가장 중요한 집단이다.

이 책의 목적은 지금은 폐지된 지구당을 중심으로 정당정치를 검토하고, 지구당 폐지 이후 지역에서의 정당정치가 어떻게 이루어지고 있는지, 문제점은 무엇인지, 왜 지구당이 필요한지 등의 문제 제기를 통해 한국의 정당정치를 이해하는 데 도움을 주는 것이다. 지구당은 국회의원 선거구별로 설치되어 운영되었으며, 유권자들이 정당을 접할 때 가장 먼저 만나게 되는 통로였다. 정당에 당원으로 가입하려면 자신이 살고 있는 주거지 소재 지구당에 당원가입원서를 제출하고, 당원으로 가입하면 해당 지구당에 소속되어 당원 모임이나 지역구 의원과의 만남, 당원교육 등 당원으로서 활동했다. 한마디로 지구당은 정당에 참여하는 통로이자, 정당정치의 기반이었다.

하지만 지구당을 운영하는 과정에서 각종 이권관계가 발생하고, 지구당 위원장(현역의원이거나, 차기 선거에서 해당 지역구 탈환을 꿈꾸는 비현역 위원장)으로 권력이 집중되면서 지구당은 한국정치 부패의 표상으로 낙인찍혀 2004년 폐지되었다. 소위 “돈먹는 하마”로 불린 지구당을 정당의 영역에서 퇴출시킴으로써 깨끗하고 돈 안 드는 정치를 실현하고자 했다. 이후 정당가입 등 기존에 지구당에 부여되었던 역할은 17개 시·도 단위에 설치된 시·도당에서 수행하고 있다.

지구당을 폐지한 이후 지구당으로 인해 발생했던 문제들이 해결되었을까? 그에 대한 답은 이 책을 읽어가면서 알아가길 바란다.

2024. 02.15

이정진

정치연구총서 09

CONTENTS

3장

지구당, 왜 필요한가

정치연구총서 09

1장
정당이란

정당의 정의

정당법에 따르면 정당은 "국민의 이익을 위하여 책임 있는 정치적 주장이나 정책을 추진하고 공직선거의 후보자를 추천 또는 지지함으로써 국민의 정치적 의사형성에 참여함을 목적으로 하는 국민의 자발적 조직"이다. 이 정의에 따르면 정당의 역할은 다음 두 가지다.

첫째, 정치적 주장이나 정책을 추진하는 것이다. 정치적 주장이란 정치적 신념이라고도 할 수 있는데, 자유민주주의 혹은 사회민주주의 등 정치적으로 중요하게 생각하는 가치가 무엇인지를 말한다. 예를 들어 자유민주주의를 정치적 가치로 하는 정당이라면 개인의 자유를 가장 중요하게 생각하며, 개인의 능력에 따른 차이를 인정하고 경제사회적 평등보다는 개인의 선택과 자유를 강조한다.

반면 사회민주주의를 가치로 내세우는 정당이라면 개인의 능력 차이에도 불구하고 모두가 어느 정도 수준으로는 경제 사회적으로 평등한 지위를 누릴 수 있는 사회를 지향한다. 그 수단으로 경제적으로 부유한 자로부터 더 많은 세금을 걷어 경제적 약자의 복지를 위해 사용하는 정책을 추진하려고 할 것이다.

정책이란 정치적 주장을 펼치기 위한 구체적인 실행 목표라고 할 수 있다. 경제정책이나 외교안보정책, 사회정책, 복지정책 등 정당들은 각 분야별로 자신들이 추구하는 정치적 신념에 맞는 정책들을 제시한다. 미국을 예로 들면 공화당과 민주당은 각각 미국의 보수진영과 진보진영을 대표하는 정당으로, 정당의 차별성이 정책 차별성으로 나타난다. 2020년 대통령선거에서 민주당은 민주주의 회복과 인권 강화를 위한 정책을 공약으로 제시하면서 자유롭고 공정한 언론, 투표권 확대, 정치자금 제도 개혁, 경찰의 면책특권 제한과 경찰개혁 등을 통해 정치 갈등을 축소하고 국민통합을 모색하는 정책을 제시했다. 이는 인권을 강조하는 민주당의 이념이 정책으로 반영된 것이다.

반면 공화당은 세금감면을 통한 일자리 창출, 미국 우선주의 대외정책, 불법이민 종식과 미국 내 일자리 보호 등을 정책으로 제시했다. 공화당은 전통적으로 경제적으로는 시장의 자율성 존중과 작은 정부, 외교적으로는 동맹의 강조와 미국 우선주의를 강조해왔다. 최근 이민, 낙태, 성소수자 문제 등이 중요한 이슈로 등장하면서 공화당은 동성애와 낙태에 반대하고 강경한 이민정책을 주장하는 등 보수적인 정책을, 민주당은 여성의 권리와 동성 결혼 찬성, 온건한 이민정책을 제시하고 있다.

정당은 일반적으로 강령 혹은 정강정책이라는 것을 두고 있는데, 이를 통해 자신들의 정치적 주장이나 정책을 펼쳐 보인다. 예를 들어 집권당인 국민의힘은 제1강령으로 "모든 사람이 자유와 인권을 보장받고 행복하기를 원한다"라고 규정하면서 이를 실천하기 위한 10가지 기본 정책을 제시하고 있다. 아래의 표를 보면 국민의 힘은 자신들의 정치적 주장을 실현하기 위한 기본 정책으로 기회의 보장, 경제혁신과 경제 민주화 등을 제시하고 있다.

국민의힘 10대 기본정책

① 모두에게 열린 기회의 나라
② 미래변화를 선도하는 경제혁신
③ 약자와의 동행, 경제민주화 구현
④ 일하는 모두가 존중받는 사회
⑤ 국민과 함께 만드는 정치 개혁
⑥ 모두를 위한 사법개혁
⑦ 깨끗한 지구, 지속 가능한 대한민국
⑧ 내 삶이 자유로운 나라
⑨ 남녀 모두가 행복한 양성평등사회
⑩ 우리의 번영과 안전을 보장하는 외교안보

국민의힘 강령에서 발췌

제1야당인 더불어민주당은 강령에서 "'공정, 생명, 포용, 번영, 평화'를 핵심가치로 삼아 '내 삶이 행복한 나라'를 만들겠다"라고 주장한다. 이는 더불어민주당이 지향하는 정치적 가치를 보여준다.

> 우리는 '공정, 생명, 포용, 번영, 평화'를 핵심가치로 삼아 '내 삶이 행복한 나라'를 만들 것이다.
>
> 첫째, 특권과 차별, 불평등 없이 모든 사람이 기회를 갖고 역량을 발휘할 수 있는 공정하고 평등한 사회를 실현한다.
>
> 둘째, 모든 생명의 가치를 중시하고 감염병, 기후변화 등 다양한 위험으로부터 안전을 보장하는 사회를 실현한다.
>
> 셋째, 사회적 약자를 존중하고 일하는 모든 사람의 노동권을 보장하며 보편적 복지를 추구하는 포용 사회를 실현한다.
>
> 넷째, 혁신과 성장을 통해 국민이 더 풍요로운 삶을 누리고 모든 지역이 골고루 번영하는 나라를 지향한다.
>
> 다섯째, 한반도 평화를 넘어 동아시아 및 세계 평화를 추구하는 나라를 지향한다.
>
> 더불어민주당 강령 〈전문〉에서 발췌

정당의 정치적 주장이나 정책은 정당이 누구를 주된 지지자로 삼는가, 어떤 사람들을 위한 정책을 펼치는가에 따라 달리진다. 예를 들면 영국의 주요 정당인 노동당은 노동자를 위한 정당으로, 노동자를 위한 정책을 펼치는 것을 목표로 한다. 노동당은 홈페이지에서 노동당이 "노동자를 위한 정당"(The Labour Party delivers for working people)이라는 점을 분명히 한다.

하지만 우리나라의 경우 양대 정당인 국민의힘과 더불어민주당 사이에 정책적 차이를 찾기가 어렵다. 양당의 강령을 보더라도 두 정당 모두 공정과 번영, 모두에게 열린 기회를 강조하고 있다. 굳이 차이를 찾는다면 국민의힘은 자유와 인권을 강조하는 반면, 더불어민주당은 생명과 포용, 평화를 좀 더 강조한다는 정도다. 이는 최근 정당의 가치가 점차 중도로 수렴되면서 보수정당이나 진보정당이 추구하는 가치가 큰 차이를 보이지 않기 때문이다. 특히 선거에서 보다 많은 유권자들에게 어필하기 위해 상대 정당의 정책들도 포용하다 보니 보수정당에서 경제민주화를 주장하고, 진보정당에서 경제성장을 주요 가치로 제시하기도 한다.

이러한 경향은 우리나라에서만 나타나는 것이 아니다. 영국의 노동당도 1979년 이후 4번의 선거에서 내리 패배하면서 정당의 강령이나 정책이 우편향되는 과정을 경험했다. 당시는 보수당의 대처 총리가 집권하던 시기로 영국 내에서도 "영국병"이라고 해서 국가 경쟁력의 약화로 보수적인 경제정책이 추진되던 시기다. 당시 노동당은 노조의 영향력이 강한 정당이었는데, 1990년대 이후 "제3의 길"을 주장하면서 노조의 영향력을 줄이고, 자본주의적 가치를 수용하는 방향으로 정책 노선이 수정되었다.

정당의 두 번째 역할은 공직선거에 후보자를 추천하는 것이다. 정당의 목적은 정권 창출이라고 할 수 있으며, 공천은 그 첫걸음이다. 공직선거에 후보자를 추천하는 것은 정당이 자신들이 주장하는 정책을 추진하기 위한 방편이라고 볼 수 있다. 공직자를 선출하는 선거에서 정당의 후보가 당선되면, 당선자는 자신이 소속된 정당의 정책을 실현하고자 할 것이기 때문이다.

우리나라는 대통령과 국회의원, 지방의회의원과 자치단체장, 교육감을 선거로 뽑는다. 이들 가운데 교육자치를 표방하며 정치로부터의 독자성을 강조하는 교육감을 제외한 나머지 선거에서는 정당이 후보자를 추천한다. 정당의 후보자 추천은 단순히 추천 자체로 끝나는 것이 아니며, 그 과정에서부터 국민들의 관심을 모은다. 어떤 절차를 거쳐 후보자를 선출하는지, 후보자 선출의 기준은 무엇인지, 선출 과정은 공정하고 투명한지 등이 유권자가 선거에서 정당과 후보자를 선택하는 기준이 된다. 물론 후보자 개인보다 자신이 지지하는 정당의 후보를 선택하는 경우도 많다. 하지만 특정 정당을 지지하지 않는 무당층에게 공천 과정은 중요한 선택 기준이 될 수 있다. 공천에 실패해서 지지자들로부터도 외면을 받는 경우도 발생할 수 있다.

국민들이 정당에 대해 가장 많은 관심을 두는 시기가 선거철이다. 각 정당이 추천하는 후보자들 중에 누구를 선택할 것인지, 어느 후보의 공약이 더 마음에 드는지 이러한 것들에 대해 고민하면서 정당과 정당이 추천하는 후보자를 살펴본다. 가장 큰 관심은 대통령선거일 것이다. 한국은 1987년 개헌 이후 국민직선으로 대통령을 선출하고 있으며, 정당은 5년마다 실시되는 대통령선거에 후보자를 추천한다. 직선제 도입 초기에는 정당 지도부에서 대선 후보자를 결정했으나 2002년 대선 이후 당원과 국민이 참여하는 국민경선으로 후보자를 선출하는 방식이 일반화되었다. 1987년 대선부터 1997년 대선까지는 소위 3김(김영삼, 김대중, 김종필)이 정당정치를 좌우하는 시기였으며, 대선 후보 선출 과정에서 당 지도부의 영향력이 컸다. 하지만 2002년 이후 국민이 직접 참여해 대통령 후보를 선출하는 국민참여 경선 방식이 주요 정당의 대선 후보 선출 방식으로 자리 잡게 되었다.

2002년 대선에서 국민경선 방식을 최초로 도입한 것은 새천년민주당이었다. 새천년민주당은 12월에 실시되는 대통령선거에 앞서 국민 50%, 일반 당원 30%, 대의원 20%의 비율로 7만 명의 선거인단을 구성해, 전국을 16개 권역으로 나누어 3월 9일부터 4월 27일까지 순차적으로 경선을 실시했다. 당시 새천년민주당이 국민경선을 시도한 것은 대선 이전 실시된 여러 차례의 선거에서 패배하면서 당내에서 위기감이 고조되었기 때문이다. 1997년 정권교체에 성공해 집권당의 위치에 있었지만, 정당 지지율의 하락과 이어진 선거 실패로 재집권에 실패할 수 있다는 우려가 국민경선이라는 새로운 방식을 시도하도록 만든 것이다.

새천년민주당의 국민경선은 국민들의 높은 관심 속에 치러졌으며, 3만 5,000명을 모집하는 국민 대상 선거인단에 184만 명의 국민이 응모해 무려 48대 1의 경쟁률을 보였다. 경선 결과 당내 조직 장악력과 인지도가 높았던 이인제 후보를 꺾고 노무현 후보가 대선 후보자로 선출되었으며, 경선 과정이나 결과 모두 국민의 관심을 모아 경선 직후 노무현 후보에 대한 높은 지지율로 나타났다. 새천년민주당의 국민경선 과정에 유권자들이 높은 관심과 참여를 보임에 따라 한나라당에서도 대선 후보자의 경선 과정에 당원과 일반 유권자를 참여시키는 국민경선제를 도입할 수밖에 없었다. 한나라당은 전국을 12개 권역으로 구분해 국민경선을 실시했으며, 선거인단은 총 5만 4,000명으로 대의원 30%, 일반당원 20%, 유권자 50%로 구성되었다. 하지만 한나라당의 경선은 위기의식 속에서 치열하게 준비된 것이 아니라 새천년민주당의 경선이 관심을 끌면서 수동적으로 실시된 것이었기 때문에 큰 관심을 끌지 못했다. 경선 결과 역시 큰 변화 없이 유력한 후보였던 이회창이 대선 후보로 선출되었다.

후보자 추천은 정당의 가장 중요한 역할 중 하나이며, 그 과정에 당원과 유권자들이 참여하도록 함으로써 본 선거에서의 경쟁력을 높이고 정당의 정책과 이념에 맞는 후보를 선출하고자 한다. 정당은 당헌·당규로 대통령선거를 비롯한 공직선거 후보자 선출방식을 규정하고 있다. 공직후보자 선출 과정은 정당의 성향에 따라 차이를 보이는데 더불어민주당이나 국민의힘은 국민경선방식으로 후보자를 선출하는 반면, 정의당이나 진보당에서는 당원 투표로 후보를 선출한다. 이는 더불어민주당이나 국민의힘이 경선 과정에서 선거 경쟁력을 갖춘 후보를 선택함으로써 선거에서의 승리를 중요하게 생각하기 때문이다. 또한 최근에는 당비를 내는 당원이 늘고

경선 참여 등 당원의 권리를 강조하기는 하지만, 기본적으로 유권자를 중요하게 생각하는 정당이다. 반면 정의당이나 진보당은 당원 중심 정당으로 당원의 권리와 의무를 강조한다. 후보자 선출 역시 당원의 중요한 권리이자 의무다.

당원과 유권자

당원

당원가입은 정당 활동을 시작하는 출발점이다. 특정 정당에 가입함으로써 단순한 지지자에서 정당의 당적을 가진 당원이 된다. 당원으로 가입하기 위해서는 입당원서를 작성하고 서명을 한 후 자신의 주거지가 있는 시·도당에 제출하면 된다. 기존에는 종이로 된 입당원서를 작성해야 했지만, 최근에는 온라인이나 모바일을 통해서도 입당이 가능하다. 2024년 창당한 개혁신당의 경우 창당 하루 만에 2만 명이 넘는 당원을 확보한 것으로 등록했는데, 온라인이나 모바일을 통해 본인인증을 하고 간단하게 입당이 가능하도록 입당 절차가 간소화되었기 때문이다.

당원은 특정 정당의 이념과 정책을 지지하는 사람으로서 정당의 정책이나 후보자 결정 과정에 참여할 수 있다. 당원이 되면 유권자로서 선거권을 행사하거나 정당에 대한 지지 의사를 밝히는 것에서 나아가 정당 구성원으로서의 의무와 권리를 가지게 된다. 대표적인 의무는 당비다. 정당은 당규를 통해 당원들에게 일정 비용의 당비를 납부하도록 요구하고 있으며, 당비를 납부해야 당대표 등 지도부를 선출하거나 당의 주요 의사결정에 참여할 수 있는 권리를 갖게 된다.

당원 수는 정당의 세력을 보여주는 지표라고 볼 수 있는데, 정당정치의 발상지라고 할 수 있는 유럽에서는 기성 정치에 대한 환멸이나 정치적 무관심으로 당원 수가 줄면서 정당 지지도를 높이기 위한 방안 마련에 고심하고 있다. 다음 그림은 영국 주요 정당의 당원 수를 보여주는데, 2019년 기준으로 노동당(LAB)은 485,000명으로 비교적 많은 당원을 보유한 반면, 보수당(CON)은 180,000명, 스코틀랜드국민당(SNP)은 125,534명, 자민당(LD)은 115,000명, 녹색당(GRN)은 48,500명의 당원을 가지고 있다.[1]

1) Lukas Audickas, Noel Dempsey, Philip Loft, *Membership of UK Political Parties*, House of Commons Library, 2019, p.4.

영국 주요 정당의 당원 수(2019)

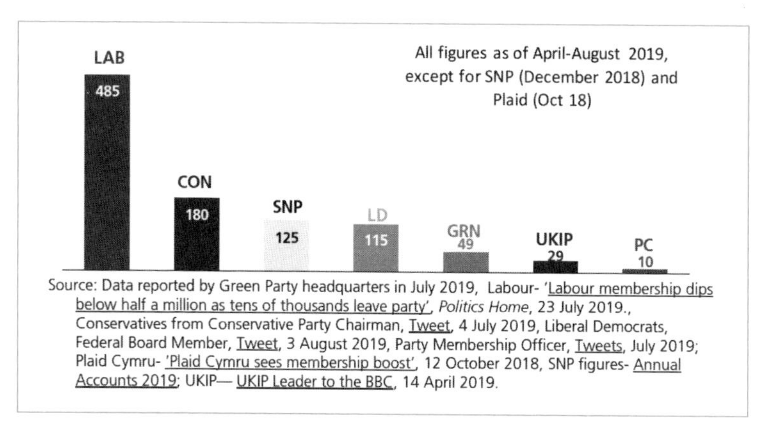

각주: UKIP는 영국독립당, PC는 웨일스민족당
자료: Lukas Audickas, Noel Dempsey, Philip Loft, Membership of UK Political Parties, House of Commons Library, 2019, p.4.

다음 그림을 보면 2000년대 이후 보수당과 같은 거대 정당의 당원 수는 줄어든 반면, 소수정당의 당원 수는 조금씩 증가하는 추세다. 주목할 점은 두 가지인데, 하나는 2014년 이후 노동당의 당원 수가 2배 이상 증가한 것이다. 노동당의 당원은 2014년까지 완만히 감소하면서 200만 정도를 유지했으나, 2014년부터 2016년까지 매년 2배 가까이 당원 수가 증가해 2017년 총선 시에는 550만 당원을 기록했다. 이처럼 당원 수가 급증한 것은 노동당이 당의 지지기반 확대를 위해 노력한 결과라고 할 수 있다. 노동당은 전통적으로 노조와 노동자가 중심이 된 정당으로 당의 정책 결정과정이나 공천 과정에서 노조의 영향력이 강했다. 또한 국유화를 지지하는 등 사민주의적인 강령을 유지해왔다. 하지만 이러한 노동당의

영국 주요 정당의 당원 수 증감(2002~2019)

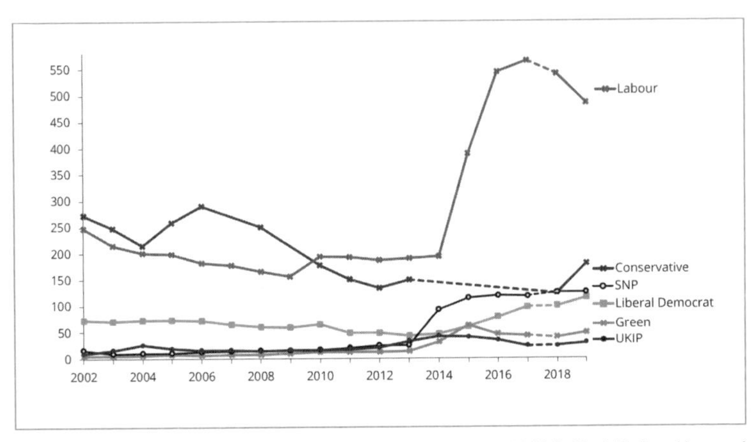

자료: Lukas Audickas, Noel Dempsey, Philip Loft, *Membership of UK Political Parties*, House of Commons Library, 2019, p.8.

성향은 당의 외연 확장에 걸림돌이 되었으며, 경제침체기에 유권자들로부터 외면을 받게 되었다.

노동당은 지지자와 당원을 확대하기 위해 노조의 영향력을 축소하는 등 1980년대 이후 대중정당화의 길을 걸어왔다. "새로운 노동당"을 표방한 토니 블레어 총리가 이러한 변화의 중심에 있다. 외연 확장의 일환으로 2014년에는 온라인으로 가입한 정당 지지자를 당원(register membership)으로 간주하고, 일정 비용을 지불할 경우 당 대표 선거 등 당의 의사결정과정에 참여할 수 있도록 당규를 개정했다. 위의 그래프에서 2014년 노동당의 당원 수가 급증한 것은 지지자를 당원으로 편입시킨 이러한 조치의 영향으로 볼 수 있다. 당원 수의 증가가 바로 선거에서의 지지율로 이어지는 것은 아니어서, 영국 노동당은 2010년 총선 이후 2015년과 2017년, 2019년 총선에서 모두 보수당에 패배했다.

다른 하나는 지역정당으로 출발한 스코틀랜드 국민당이 2013년 이후 당원 수가 3배 이상 증가한 것이다. 스코틀랜드 국민당은 스코틀랜드를 기반으로 하는 지역정당에서 출발했으며, 초기에는 스코틀랜드 의회선거 등 지방선거를 중심으로 활동했다. 영국은 소수정당을 위한 규정을 두어 지방선거 참여를 전제로 소규모 정당을 창당하는 것이 가능하다. 스코틀랜드 국민당은 이후 당원 수가 늘고 당세가 확대되면서 전국정당으로 발돋움했으며, 2015년 이후 영국 하원에서 제3당의 지위를 유지하고 있다.

당원을 확대하기 위한 정당 차원에서의 노력과 더불어 스코틀랜드 국민당과 같은 소수정당의 세력 확대로 영국의 선거인 수 대비 당원 수는 2013년 이후 꾸준히 증가하는 추세다. 2014년에 전체 유권자 중 당원이 차지하는 비율은 0.4%였는데, 2017년에는 1.2%, 2019년에는 1.7%로 증가하고 있다.[2)]

프랑스의 경우 좌파 사회주의 정당인 "굴복하지 않는 프랑스"가 60만 당원을, 집권여당인 "전진하는 공화국"이 약 42만 명, 보수 우파 정당인 공화당이 15만 명, 극우파 정당인 국민연합이 8만 3,000명 등 약 150만 당원을 가지고 있다. 흥미로운 것은 공화당이나 공산당 등 기존에 프랑스 정치를 주도했던 정당들보다 굴복

2) Lukas Audickas, Noel Dempsey, Philip Loft, *Membership of UK Political Parties*, House of Commons Library, 2019, p.17.

하지 않는 프랑스나 르네상스 등 신생 정당의 당원 수가 훨씬 많아서, 프랑스 전체 당원의 30% 이상을 차지한다는 점이다.

다음 표는 프랑스 주요 정당의 당원 수를 보여주는데, 60만 명의 당원 수를 가진 것으로 조사된 "굴복하지 않는 프랑스"의 경우 온라인과 오프라인이 연계된 네트워크 정당으로, 당원의 대부분은 페이스북이나 트위터로 가입한 지지자들이다.[3] 프랑스의 경우에도 온라인과 오프라인이 결합된 당원가입방식이 정당의 당원 수 확대에 영향을 줬다고 볼 수 있다.

프랑스 주요 정당의 당원 수

정당명	당원 수(명)
굴복하지 않는 프랑스(LFI)	600,000
전진하는 공화국(LREM)*	423,645
공화당(LR)	148,862
국민연합(RN)	83,000
제네라시옹(GENERATION.S)	60,000
공산당(PCF)	50,000
플라스 퓌블리크(PLACE PUBILQUE)	28,000
애국당(LES PATRIOTES)	25,000
재정복당(RECONQUÊTE)	25,000

* 전진하는 공화국은 2022년 당명을 "르네상스(Renaissance)"로 개정했음.
출처: 2021. 12. 8. 프랑스 BFM TV 조사 결과(각 정당 자료 제공):
〈https://www.bfmtv.com/politique/elections/presidentielle/infographie-que-valent-les-25-000-adherents-du-parti-d-eric-zemmour-face-aux-partis-traditionnels_AN-202112080315.html〉.

3) "굴복하지 않는 프랑스가 던지는 질문", 「프레시안」, 2017. 4. 25. 〈https://www.pressian.com/pages/articles/156772〉.

영국이나 프랑스의 경우와 달리 독일은 기민당과 사민당의 양대 정당이 가장 많은 당원을 보유하고 있다. 다음 표를 보면 양당은 각각 40여만 명의 당원을 보유하고 있으며, 기민당과 자매정당인 기사당이 그다음으로 많은 당원을 보유하고 있다.

독일 주요 정당의 당원 수

정당명	당원 수(명)
기민당(CDU)	405,816
기사당(CSU)	139,130
사민당(SPD)	419,340
녹색당(Grüne)	96,487
자민당(FDP)	65,479
좌파당(Die Linke)	60,862
독일대안당(AFD)	34,751

출처: 선거연수원, 「각국의 정당 · 정치자금제도 비교연구」, 2021. 11, p.153; Niedermayer, O. Parteimitglieder in Deutschland: Version 2020.

이처럼 유럽의 경우 주요 정당의 당원 수가 40만~60만 명 정도인 반면, 한국은 2022년 기준으로 더불어민주당이 4,849,578명, 국민의힘 4,298,593명으로 유럽의 주요 정당에 비해 10배나 많은 당원을 가지고 있다. 선관위에 등록된 모든 정당의 당원 수를 더하면 한국의 당원 수는 10,653,090명으로 1,000만 명이 넘는다.[4)]

4) 중앙선관위, 『2022년도 정당의 활동개황』, 2023.

한국의 인구가 5,000만 명이 조금 넘으니, 국민 5명 가운데 1명은 당원이라는 이야기가 된다.

정당정치가 발달한 서구 유럽에 비해 한국이 10배 이상의 당원을 가진 것은 무엇으로 설명이 되는가? 한국의 당원은 언제 이렇게 늘어났으며, 그 배경은 무엇인가? 우선 당원 수 집계에서의 차이를 들 수 있다. 유럽의 정당들은 당비 납부가 당원의 가장 중요한 의무이며, 연령이나 소득별로 당비의 차등을 두고는 있지만, 월 8,000원 정도의 당비를 낸다. 일정 기간 당비를 내지 않으면 당원 자격이 상실된다. 반면 한국은 당비가 월 1,000원으로 상대적으로 부담이 적고, 당비를 내지 않는 당원들도 많다. 가입 시에는 당비를 납부했으나 이후 당비를 납부하지 않는 경우도 많아서 이런 당원들과 당비를 내는 당원을 구분해 후자는 진성당원이라고 부르기도 한다. 정당별 통계에 따르면 당비를 내는 당원은 전체 당원의 24% 정도로, 2022년 기준 1,000만 당원 중에서 250만 명이 당비를 내는 당원이다. 정당별로도 차이가 있어서 당비를 내는 당원이 녹색당이나 정의당, 진보당은 50%가 넘지만, 더불어민주당은 28%, 국민의힘은 21% 정도에 불과하다.

다른 이유로는 2017년 이후 민주당을 중심으로 당비를 내는 당원 수가 급증한 것을 들 수 있다. 우리나라는 매년 정당의 활동에 대해 선거관리위원회에 보고하도록 하고 있는데, 보고 자료 중 하나가 당원 수다. 정당들은 당비를 내는 당원과 당원의 총수를 보고하도록 되어 있는데, 2016년까지 더불어민주당과 국민의힘에서 당비를 내는 당원의 수는 40만 명 정도로, 유럽의 주요 정당들과 큰 차이가 없었다. 하지만 2017년에는 더불어민주당의 진성당원이 834,573명으로 2016년 대비 3배 이상 증가했으며, 2022년에는 140만 명으로 늘었다. 그 배경에는 탄핵과 촛불집회 등 한국정치의 격변기 상황이 있다. 기존의 당원들은 주로 선거 기간 중에 후보자의 요구로 정당에 가입하는 사례들이 많았다면, 2017년 이후의 당원 증가는 민주당에 대한 지지를 표명하기 위해 자발적으로 가입한 당원들의 증가로 설명된다. 선거기간에 가입한 당원들은 선거가 끝나면 당을 탈퇴하거나 정당 활동에 관심을 갖지 않는 경우가 많았지만, 자발적으로 가입한 당원들은 당의 활동에 관심이 많고 당대표 선거에도 적극적으로 참여한다.

반면 국민의힘은 전통적으로 민주당에 비해 당원 수가 많고 조직도 탄탄한 것으로 평가되어왔지만, 더불어민주당에 비해 당원이 크게 늘지는 않아 최근에는 당비를 내는 당원의 수가 민주당의 60% 정도다. 그나마 2021년과 2022년에 당원 수가 크게 늘었는데, 이는 당비 부담을 줄이고 공천과 관련해 당비를 내는 당원의 권리를 확대한 결과라고 보여진다. 2021년 이준석 대표의 당선 이후 당비를 1,000원으로 낮추고 당원가입 절차를 간소화했으며, 여론조사를 활용한 당내경선 시 당원의 비중을 50%로 높이는 등 당원의 역할이 강화된 것이 당원 증가의 원인이라고 볼 수 있다. 실제로 2022년 지방선거를 앞두고 당원 수가 크게 늘었는데, 이는 선거에 출마하고자 하는 후보들을 중심으로 경선을 준비하면서 당원가입을 독려했기 때문이다.

그 결과 2020년 35만 명 정도였던 국민의힘 진성당원은 2021년 61만 명, 2022년에는 90만 명까지 증가했다. 이처럼 당원 수의 급격한 증가는 당원들의 성향에도 영향을 주는데, 최근 가입한 당원들은 온라인으로 가입한 20~30대 당원들이 많아서 이들이 정당 운영이나 공천 결과에 영향을 미칠 것으로 보인다. 온라인에서 활발한 의견을 개진하는 2030세대의 경우 정치적 현안이나 당내 이슈에 대해 적극적으로 의사를 표현하고 있으며, 당의 경선 과정에도 적극적으로 참여하는 경향이 있다.

한국 주요 정당의 당비를 내는 당원 수 추이

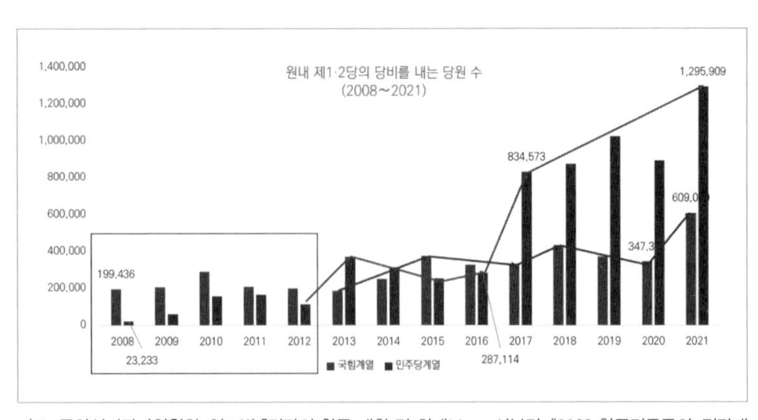

자료: 중앙선거관리위원회, 연도별 『정당의 활동 개황 및 회계보고』; 서복경, “2023 한국민주주의, 정당개혁” 국회입법조사처 간담회 발표자료, 2023. 8. 21.

유권자

당원가입을 하지 않고도 특정 정당을 지지하거나 정당의 후보에게 투표하는 것은 얼마든지 가능하다. 일반적으로 유권자라고 불리는 사람들은 선거권을 가지고 있어서 대통령선거나 국회의원선거, 지방선거 등의 공직자를 선출하는 선거에서 자신이 지지하는 정당의 후보자를 선택할 수 있다. 우리나라는 18세 이상 국민에게 대통령선거와 국회의원선거의 선거권을 부여하고 있다. 지방선거의 경우 대한민국 국민이 아니더라도 체류 후 3년이 지나면 선거권이 주어진다.

정당의 입장에서는 당원 못지않게 유권자의 지지율에 민감하다. 특히 선거를 앞둔 시기 정당 지지율은 선거 결과를 예측할 수 있는 중요한 자료로서 정당들은 지지율을 보면서 정책을 제시하거나 수정한다. 최근 실시된 선거들을 보면 선거 전 실시된 여론조사에서의 정당 지지율이 실제 선거 결과에도 반영되는 것을 볼 수 있다.

제21대 총선은 2020년 실시되었는데, 당시 집권여당이었던 더불어민주당과 제1야당인 미래통합당에 대한 유권자 지지율은 2배 가까이 차이를 보였다. 특히 선거를 앞두고 더불어민주당 지지율이 상승하면서 40%대의 높은 지지율을 보인 반면 미래통합당은 20%대의 지지율을 보였다. 실제 총선 결과 더불어민주당은 지역구에서 163석, 비례위성정당인 더불어시민당이 17석을 확보해 총 180석을 확보했다. 반면 미래통합당은 지역구 84석, 비례위성정당인 미래한국당 19석으로 103석을 얻는 데 그쳤다.

제21대 총선 기간 정당 지지율 변화 추이

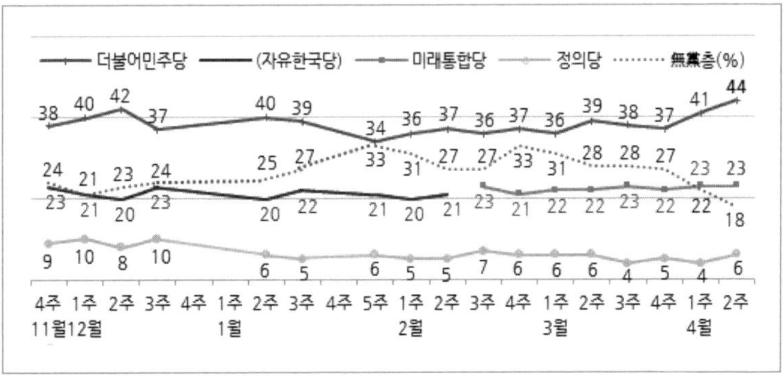

자료: 한국갤럽, 데일리 오피니언 제396호(2020년 4월 2주),
〈https://www.gallup.co.kr/gallupdb/reportContent.asp?seqNo=1098〉.

제21대 총선은 준연동형 비례대표제가 도입되면서 정당과 유권자의 관계에 변화가 있었다. 기존의 선거는 지역구선거와 비례대표선거에 정당이 각각 후보를 추천하고, 유권자는 지역구선거에서는 자신이 지지하는 정당의 후보자에게 투표하고 비례대표선거에서는 지지정당에게 투표했다. 유권자 입장에서는 지역구와 비례대표선거에 후보를 추천하는 정당이 동일하기 때문에 자신이 지지하는 정당을 기준으로 투표할 수 있었다. 반면 제21대 총선에서는 더불어민주당과 미래통합당이 비례대표선거에 후보를 추천하지 않았다. 대신 비례위성정당을 만들었는데 더불어시민당과 미래한국당이 그것이다. 더불어민주당이나 미래통합당을 지지하는 유권자 입장에서는 비례대표선거에서 두 정당이 만든 위성정당을 선택하거나 혹은 다른 정당을 선택해야 했다. 이처럼 선택구조가 복잡해진 것은 준연동형 비례대표제라는 것이 득표율에 비례해서 정당에게 비례대표 의석을 배분하기 때문에 153석이나 되는 지역구의석 대부분을 양당이 가져가는 상황에서 비례대표의석을 배정받을 수 없어서다. 본래 준연동형 비례대표제는 소수정당이 비례대표를 통해 국회에 진출할 수 있도록 함으로써 거대 양당구조를 완화하고 유권자의 선택지를 넓힌다는 취지로 도입되었다. 하지만 비례위성정당으로 인해 제도의 도입 취지가 무색해졌다.

2022년에는 제20대 대통령선거가 실시되었다. 더불어민주당의 지지율이 2배나 높았던 2년 전과 달리 대선 기간 양당의 지지율은 큰 차이가 없었다. 양당 모두 30%대의 지지율을 보이는데, 이는 더불어민주당을 지지했던 유권자들 다수가 지지를 철회했기 때문이다. 반면 국민의힘에 대한 지지율은 10% 이상 높아져서 선거 직전 양당의 지지율은 거의 차이가 없었다. 선거 결과 국민의힘 윤석열 후보가 48.6%로 더불어민주당 이재명 후보(47.8%)를 근소한 차로 이겼다.

제20대 대선 기간 정당 지지율 변화 추이

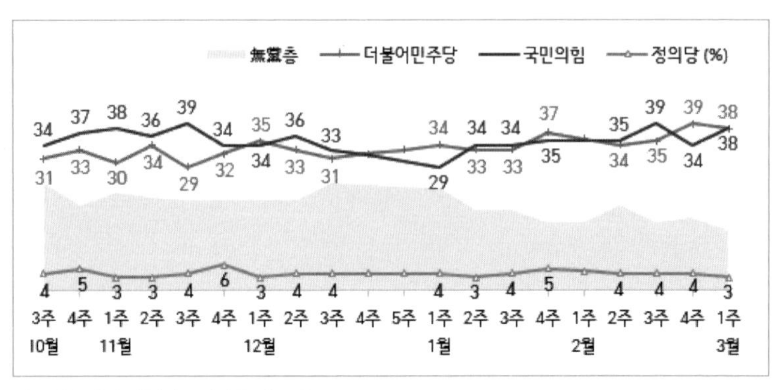

자료: 한국갤럽, 데일리 오피니언 제485호(2022년 3월 1주), 〈https://www.gallup.co.kr/gallupdb/reportContent.asp?seqNo=1275〉.

대선이 끝난 후 얼마 되지 않아 지방선거가 있었다. 제8회 동시 지방선거(2022. 6. 1)로, 대통령선거 이후 3개월 만에 실시되었다. 일반적으로 대선 직후 실시되는 선거는 대선의 영향력이 커서 대선에서 승리한 정당에 유리한 것으로 알려져 있다. 지방선거보다 3개월 전에 실시된 대통령선거 시기에 더불어민주당과 국민의힘 지지율은 거의 차이가 없었지만, 지방선거 직후 실시된 여론조사(2022. 6. 2)에서 정당 지지율은 국민의힘 45%, 더불어민주당 32%로 양당의 지지율 격차가 10% 이상 벌어졌다. 특히 5월 이후 양당의 격차가 크게 벌어졌는데, 윤석열 대통령 취임 이후 국민의힘 지지율은 올라간 반면, 더불어민주당 지지율은 하락한 것으로 보인다.

제8회 동시지방선거 기간 정당 지지율 변화 추이

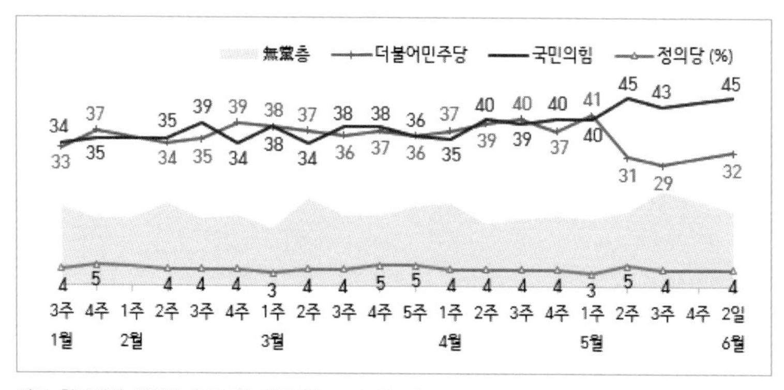

자료: 한국갤럽, 데일리 오피니언 제497호(2022년 6월 1주),
〈https://www.gallup.co.kr/gallupdb/reportContent.asp?seqNo=1301〉.

이처럼 유권자의 지지율은 선거에서 정당에 대한 선택으로 이어진다. 이에 정당들은 유권자의 표심을 얻기 위해 현안 이슈에 대처하기 위한 정책들을 제시하고, 유권자들에게 어필할 수 있는 후보를 공천함으로써 선거 승리를 도모한다.

한국의 정당

2024년 현재 선거관리위원회에 등록된 정당은 53개다. 앞에서 설명했듯이 한국에서 정당으로 등록하려면 5개 이상 시·도에 당 사무실을 마련하고, 시·도당마다 최소 1,000명씩 5,000명 이상의 당원이 있어야 한다. 지역에서 활동하는 많은 정치인 혹은 정치인 지망생들이 정당을 만들고 싶어도 그 기준을 충족시키기 어려워서 정당을 만들지 못한다. 이처럼 쉬운 기준이 아님에도 50개가 넘는 정당이 있는 것이다. 물론 이 정당들 대부분은 국민들에게 생소하다. 더불어민주당, 국민의힘 정도가 대부분의 유권자들이 인식하는 정당일 것이고 국회에 의석을 가진 정당들, 정의당이나 진보당 정도가 그나마 익숙한 정당일 것이다. 최근에는 2024년 총선을 앞두고 새로운 정당들이 다수 창당되었는데,

개혁신당과 새로운 미래, 그리고 총선을 위해 정의당과 녹색당이 연대해 만든 녹색정의당 정도가 다수 국민들에게 알려진 정당일 것이다.

이처럼 많은 정당이 존재함에도 유권자들에게 익숙하지 않은 이유는 첫째, 거대 정당에 유리한 선거제도와 그 결과로 나타난 양당제 때문이다. 국회 의석의 대부분을 더불어민주당과 국민의힘이 차지하고 있으며, 대통령선거에서도 양대 정당 후보를 중심으로 선거가 진행되기 때문에 선택의 대상으로 인식되지 않는 다른 정당들은 언론에 노출되기도 어렵고, 유권자들에게도 익숙하지 않다. 특히 대통령선거의 경우 유권자들의 관심이 가장 높은 선거로 유권자들에게 정당을 알릴 수 있는 좋은 기회인데, 이때에도 국회의원을 가진 정당이나 지지율이 높은 정당의 후보에게 관심이 집중된다. 그 사례 중 하나가 대선 후보 공개토론이다.

공직선거법은 대통령선거에서 주요 정당의 후보자들을 대상으로 토론회를 개최하고, 이를 중계하도록 함으로써 국민들에게 정당의 정책을 알리고 후보자 선택에 도움을 주는 정보를 제공하도록 하고 있다. 대선 후보자 TV 토론이 그것인데, 1997년 대선후보 TV 토론이 도입된 이후 선거 직전에 실시되는 TV 토론은 유권자들의 선택에 영향을 주는 중요한 이벤트로 자리 잡았다. 실제 TV 토론을 보고 지지하는 후보를 결정하거나 바꿨다는 유권자들도 심심치 않게 보인다.

하지만 TV 토론의 경우에도 주요 정당의 후보와 그렇지 않은 정당 후보들의 경우 노출 횟수나 정도에서 차이를 보인다. 주요 대선 후보자들은 3회 이상 방송에 출연해 상호 토론 등을 통해 자신들의 정책과 공약을 밝히고 시청률도 높은 편이다. 반면 지지율이 낮거나 국회의원이 없는 정당의 후보자들은 그러한 기회도 얻기 힘들고, 설령 토론회가 개최되더라도 심야시간대에 개최되어 정당이나 후보자를 알릴 기회를 얻기 힘들다. 2022년 대통령선거에서는 국민들에게 정당과 후보자의 공약과 정책을 알리기 위해 마련된 후보자 토론회가 주요 정당을 중심으로 개최되면서 소수정당 후보자가 문제를 제기하기도 했다. 토론회 일정이 심야시간에 잡혀 "잠도 자지 말고 TV를 시청하라는 것이냐?", "토론시간을 확보해달라" 등의 반발이 나왔다.

둘째, 정당의 역사가 길지 않고 당명이 자주 바뀌기 때문이다. 주요 정당인 더불어민주당과 국민의힘도 현재 당명을 사용한 지가 채 10년이 되지 않는다. 더불어민주당은 그 뿌리를 1950년대 민주당으로부터 찾고 있지만, 이후 신민당, 통일민주당, 평화민주당 등으로 당명이 개정되었으며, 2015년 당명을 더불어민주당으로 개정했다. 국민의힘은 1981년 창당된 민주정의당(민정당)에서부터 출범한 정당으로, 민주자유당(민자당), 신한국당, 한나라당, 미래통합당 등의 당명을 거쳐 2020년 현재의 당명인 국민의힘으로 개정했다. 양당 모두 빈번한 당명 개정 역사를 가지고 있으며, 그나마 국민의힘 전신인 한나라당(1997~2012)이 동일한 당명을 15년간 사용했을 뿐 다른 정당들은 10년을 채우지 못하고 당명을 개정한 경우가 다수다.

최근에는 선거 시기마다 새로운 정당이 나타나는데, 2024년 총선을 앞두고 개혁신당, 국민의미래, 새로운미래, 조국혁신당 등의 정당들이 새롭게 창당되었다. 반면 2020년 창당되었던 시대전환은 조정훈 대표가 국민의힘에 입당하면서 해산되었으며, 용혜인 의원이 대표로 있던 기본소득당은 2024년 새진보연합으로 당명을 개정했다. 정의당 또한 2024년 총선을 앞두고 녹색당과 연대하면서 당명을 녹색정의당으로 개정했다. 이는 선거, 특히 총선이나 대선을 앞두고 정당의 이미지 변신을 꾀하거나 정당 간 이합집산 과정에서 새로운 정당을 창당하거나 당명을 개정하는 사례가 많음을 보여준다. 이처럼 당명이 자주 바뀌면서 유권자들이 정당을 인식하기가 더욱 어려워지고 있다.

반면 미국이나 영국의 주요 정당들은 수백 년 동안 동일한 당명을 사용하는 것이 일반적이다. 미국의 경우 주요 정당인 민주당과 공화당은 200년에 달하는 역사를 자랑하는데, 민주당은 1828년, 공화당은 1854년 창당되었다. 19세기에 창당된 정당들이 오늘날까지 유지되고 있다. 영국 보수당은 1834년 창당되었고, 비교적 역사가 짧은 노동당이 1900년 창당되었다. 모두 100년 이상 된 정당들이다. 비교적 정당정치의 역사가 짧은 일본도 1955년 창당된 자유민주당(자민당)이 지금까지 유지되고 있다. 그러다 보니 유권자들도 특정 정당과의 일체감을 유지하면서 대를 이어 하나의 정당을 지지하는 경우가 많다. 이를 '정당 일체감(party identity)'이라고 부르는데, 어려서부터 부모님이 지지하는 정당을 보고 자란 자녀들이 커서 동일한 정당을 지지하는 경우도 흔하게 볼 수 있다.

우리나라의 경우 더불어민주당과 국민의힘이 각각 진보정당과 보수정당을 대표하는 양대 정당이라고 볼 수 있다. 물로 정의당이나 진보당 입장에서 보면 더불어민주당도 엄격한 의미에서 진보정당이라고 볼 수 없겠지만, 국민의힘과 비교할 때 상대적으로 진보정당이라고 볼 수 있다. 국민의힘은 2024년 현재 집권 여당이다. 집권당이나 여당은 모두 현직 대통령을 배출한 정당을 말하는데, 집권당과 국회 제1당이 반드시 일치하는 것은 아니다. 실제로 국민의힘도 2022년 제20대 대통령선거에서 승리해 집권당이 되었지만, 국회에서의 다수당은 제1야당인 더불어민주당이다. 이처럼 집권당과 국회 다수당이 다른 것은 대통령선거와 국회의원선거가 따로 실시되기 때문이다. 5년 임기의 대통령선거 중간에 4년 임기의 국회의원선거를 실시하는 경우가 많고, 임기 중반 실시되는 국회의원선거에서는 대통령 지지율에 따라 달라지기는 하지만, 정권심판론이나 정권 견제론이 나오면서 집권당보다 야당에게 유리한 선거구도가 형성되기도 한다. 국민의힘은 2017년 대선에서 더불어민주당 문재인 후보가 승리하면서 야당이 되었다가 5년 만에 집권당의 위치를 회복했다.

보수정당인 국민의힘은 그 연원을 찾자면 1963년 창당한 민주공화당(공화당)으로 거슬러 올라간다. 민주공화당은 5.16 군사 쿠데타를 통해 집권한 박정희 정권이 민정 이양을 준비하면서 창당한 정당이다. 1962년 12월 제정된 정당법에 따라 창당된 민주공화당은 우리나라에서는 최초로 당의 조직이나 운영 등에서 중앙당과 사무처 시스템을 갖춘 근대적인 정당 시스템을 갖춘 것으로 평가되었다. 다만 1963년 이후 1979년 박정희 대통령의 사망까지 대통령이 총재를 역임하는 등 권위주의 정당으로, 국민의 정치적 의사를 대변하는 단체로서 정당의 역할을 했다고 보기는 어렵다. 민주공화당은 1980년 신군부의 집권 이후 해산될 때까지 17년 8개월간 유지되었으며, 한국 정당사에서 가장 오랫동안 동일한 당명을 유지한 정당으로 기록되었다.

민주공화당은 해산된 이후 당의 자원과 인력 상당수가 민주정의당으로 옮겨져 그 명맥을 유지했다. 민정당은 민주공화당과 마찬가지로 군부 집권 세력을 뒷받침하려는 목적으로 창당·유지된 정당이었다. 전두환을 총재로 해서 창당한 민정당은 1987년 민주화 이후 실시된 첫 대통령선거에서 노태우 후보가 당선되면서 보수정당으로의 변화에 성공했다. 이후 김영삼을 총재로 하는 통일민주당, 김종필을 총재로 하는 신민주공화당과의 합당을 통해 보수정당인 민주자유당(민자당)으로 자리를 잡았다. 민자당은 1995년 신한국당으로 당명을 변경했으며, 1997년 통합민주당과 합당해 한나라당을 창당했다. 한나라당은 2012년 새누리당으로 당명을 개정했으며, 자유한국당(2017~2019), 미래통합당(2019~2020)을 거쳐 2020년 현재의 당명인 국민의힘으로 개정했다.

더불어민주당은 1945년 해방 이후 창당된 한국민주당(한민당)에서 그 뿌리를 찾을 수 있다. 해방 이후 한국에서는 다양한 정치세력들이 정당을 만들어 정치에 참여했는데, 한민당은 그 가운데서도 일정한 세를 형성한 정당으로, 1948년 선거로 구성된 제헌의회에서도 가장 영향력 있는 정당이었다. 초대 대통령은 국회에서 국회의원의 선거로 선출되었는데, 한민당의 도움을 받아 이승만 대통령이 선출될 수 있었다. 이후 이승만 대통령이 자유당을 창당해 독자적인 정치 노선을 걸으면서 한민당은 야당으로 역할을 하게 되었다. 한민당은 다른 단체에 속한 사람들을 포섭하면서 민주국민당, 민주당 등으로 당명을 개정했다.

민주당의 신익희 후보는 1956년 실시된 제3대 대통령선거에서 "못 살겠다. 갈아보자!"라는 표어로 이승만 대통령의 경쟁자로 떠올랐으나 선거 직전 갑작스러운 죽음으로 정권교체에 실패했다. 제4대 대통령선거에서는 조병옥 후보가 대통령선거에 출마해 많은 지지를 얻었으나 역시 선거를 앞두고 사망했다. 이후 신민당, 통일민주당, 평화민주당 등으로 당명은 바뀌었지만 군부집권 시기 제1야당으로서 민주주의로의 전환을 위한 정당의 역할을 수행했으며, 민주화 이후에는 보수정당과 권력을 다투었다.

1997년 대통령선거에서 새정치국민회의 후보로 출마한 김대중 후보가 대통령에 당선되면서 선거에 의한 정권교체에 성공했다. 이후 2002년 대선과 2017년 대선에서 승리했다. 2024년 현재 더불어민주당은 국회에 160석을 가진 제1당이자 야당이다.

정치연구총서 09

정치연구총서 09

2장
정당과 정당법

한국에만 있는 정당법

한국에서 정당을 창당하기 위해서는 정당법에 정해진 절차에 따라 창당 요건을 갖추어 등록해야 한다. 해당 요건을 맞추지 못할 경우 정당 등록이 불가능하다. 필자가 알고 있는 정당 중에는 "직접행동 영등포당"이라는 정당이 있다. 영등포를 중심으로 활동하는 정당으로, 영등포를 사랑하는 30여 명의 지역주민들이 중심이 되어 창당한 정당이다. 하지만 직접행동 영등포당은 공식 정당이 아니다. 당대표와 당원이 있고, 지역에서 정당의 이름으로 활동하고 있지만 정당법에서 규정한 요건을 갖추지 못했기 때문이다. 정당법은 전국 5개 이상 광역지방자치단체에 정당 조직을 설립하고, 각각의 조직에 최소한 1,000명 이상의 당원이 있어야 정당으로 등록할 수 있도록 규정하고 있다. 따라서 "직접행동 영등포당"처럼 지역을 중심으로 활동하는 소규모 정치단체는 정당으로 인정받을 수 없다.

다른 국가들도 정당의 설립과 운영을 제한하는 법률이 있을까? 결론부터 말하면, 정당정치가 발달한 자유주의 국가들 가운데 한국처럼 정당 창당이나 활동을 세세하게 규제하는 법률을 가진 국가를 찾기는 어렵다. 독일은 정당법을 가지고 있지만, 우리처럼 일정 수의 당원이나 조직 규모를 갖추도록 요구하지 않는다. 영국의 경우에도 정당 등록과 관련된 법률이 있지만, 소수정당에 대한 규정을 별도로 두어 지역에서 활동하는 소규모 정당들도 얼마든지 정당 활동이 가능하도록 하고 있다. 일본의 경우 정당조성법이라는 법률이 있지만, 이 법률은 정당의 창당이나 활동을 규제하기 위한 법률이 아니라 정당 활동에 필요한 보조금을 지원하기 위해 마련된 법률이다.

그렇다면 다른 나라들과 달리 한국의 정당법은 왜 이런 규제를 두고 있을까? 이는 정당법의 탄생 과정을 보면 알 수 있다. 정당법은 1962년 12월에 제정되었다. 5.16 군사 쿠데타를 통해 정권을 획득한 군사정부가 1963년 1월 1일 정치활동을 허용하기에 앞서 다른 정치세력들의 활동을 규제하기 위해 만든 법률이 정당법이다.

한국은 1945년 해방 이후 수백 개의 정당이 활동을 벌였을 만큼 국민들의 정치에 대한 관심이 높았다. 일제 강점기를 거치면서 정치적 의사표현이 제한되었던 것에 대한 반작용으로 해방과 더불어 다양한 정치단체들이 형성되었으며, 다수의 국민들은 정당을 통해 정치적 의사와 국가형성 과정에 참여하고자 했다. 이처럼 정치 참여에 대한 높은 요구에도 불구하고, 1961년 군사 쿠데타 이후 집권한 군부는 모든 정당과 사회단체를 해산시켰으며, 정치인들의 정치활동을 금지시켰다. 그러다가 1963년 선거를 통한 민정 이양을 약속하면서 그에 앞서 기존 정치인들의 정치 활동을 규제하고, 쿠데타 주도 세력에게 유리한 정치 환경을 조성하기 위해 정당법을 만들었다.

정당법에 따르면 정당법의 제정 목적은 "국민의 정치적 의사형성에 참여하는 데 필요한 조직을 확보하고 정당의 민주적인 조직과 활동을 보장함으로써 민주정치의 건전한 발달에 기여"하려는 것이다. 하지만 정당법의 조항들을 살펴보면 국민의 정치적 의사형성의 참여나 민주정치의 건전한 발달보다는 정당으로 인정받기 위해서 필요한 조직이나 절차를 규정하고, 정당에 참여할 수 있는 자와 참여할 수 없는 자를 구분하는 등 정당 활동을 규제하고 제한하는 내용을 담고 있다. 대표적으로 일정 규모 이상의 조직을 두어야 한다는 것과 공무원 등이 당원이 될 수 없도록 한 규정을 들 수 있다. 특히 정당 조직의 경우 중앙당과 지구당으로 정당을 구성하되, 중앙당은 수도에 두도록 하고 있으며, 정당으로 인정받기 위해서는 5개 이상 시·도에 시·도당이 있어야 한다고 구체적으로 제한하고 있다.[5]

5) 정당법 제정 당시에는 지구당이 정당 구성의 기본단위였기 때문에 국회의원 지역선거구 총수의 1/3 이상 지역에 지구당이 있어야 한다고 규정했다.

대한민국 헌법은 정당 설립의 자유를 보장하고 있다. 헌법 제8조 제1항은 "정당의 설립은 자유이며, 복수정당제는 보장된다"라는 것이다. 또한 정당이 국민의 정치적 의사형성을 위해 필요한 조직이라는 이유로 국가가 정당 운영에 필요한 자금을 보조할 수 있도록 하고 있다.

「대한민국 헌법」

제8조
① 정당의 설립은 자유이며, 복수정당제는 보장된다.
② 정당은 그 목적·조직과 활동이 민주적이어야 하며, 국민의 정치적 의사형성에 참여하는 데 필요한 조직을 가져야 한다.
③ 정당은 법률이 정하는 바에 의하여 국가의 보호를 받으며, 국가는 법률이 정하는 바에 의하여 정당 운영에 필요한 자금을 보조할 수 있다.
④ 정당의 목적이나 활동이 민주적 기본질서에 위배될 때에는 정부는 헌법재판소에 그 해산을 제소할 수 있고, 정당은 헌법재판소의 심판에 의하여 해산된다.

이처럼 정당 활동을 헌법으로 보장하고 있음에도 정당법은 어떻게 당원가입이나 정당 조직 등 정당 활동에 대해 규제할 수 있는가? 그 답을 헌법학자들은 헌법 제8조 제2항에서 찾는다. "정당은 … 국민의 정치적 의사형성에 필요한 조직을 가져야 한다"라는 조항에 근거해 정당을 구성하기 위한 최소한의 조직을 법률로 규정할 수 있으며, 일정 수의 당원과 시·도당이라는 조직을 갖도록 강제하는 것이 가능하다고 본다. 이에 헌법 개정을 통해 관련 조항을 개정하는 것이 필요하다는 주장들이 제기되고 있으며, 최근 헌법 개정 논의에서는 제8조 제2항에서 조직 관련 규정을 삭제함으로써 정당법의 규제 조항을 줄이도록 해야 한다는 주장이 긍정적으로 받아들여지고 있다.

정당법은 정당 활동을 어떻게 제한하나

앞에서 살펴본 것처럼 정당법은 정당이 갖추어야 할 조직의 규모, 중앙당 소재지, 당원의 수, 당원 자격 등 정당 활동을 제한하는 규정들을 다수 포함하고 있다. 이 내용들을 구체적으로 살펴보면 다음과 같다.

정당 등록

정당법은 정당으로 등록하기 위한 절차와 요건을 정하고 있다. 정당은 국민의 정치적 의사를 결집하기 위해 자율적으로 만드는 조직이지만, 일정한 규모와 절차를 갖추어 등록하지 않으면 정당으로 인정되지 않는다. 물론 정당으로 등록되지 않아도 앞에서 예로 든 "직접행동 영등포당"과 같이 정당의 이름을 걸고 활동할 수는 있다. 하지만 선거에 해당 정당의 이름으로 후보를 공천할 수 없어서 "직접행동 영등포당"에서 추천하는 후보는 무소속으로 출마해야 한다. 또한 정당은 선거에서의 득표율이나 의석 점유율 등에 따라 국가로부터 자금을 지원받는다. 이를 '국고보조금'이라고 하는데, 정당으로 등록되지 않으면 국고보조금도 받을 수 없다. 한마디로 정당이라는 이름으로 정치활동을 하지만, 정당이 누릴 수 있는 권리에서 배제되어 있다.

정당으로 등록하기 위해서는 수도에 중앙당을 두고 5개 이상의 시·도당을 확보해야 하며, 시·도당에는 1,000명 이상의 당원이 있어야 한다(정당법 제4조). 이러한 기준 요건을 충족시킬 수 있게 되면 정당법에서 규정한 창당 절차에 따라 정당을 만들게 된다. 정당의 창당 절차는 창당준비위원회 결성, 시·도당 및 중앙당 창당, 창당집회 개최, 선거관리위원회 등록의 순으로 진행되며, 각각의 절차 중에 필요한 요건들을 모두 충족시켜야 정당으로 등록이 가능하다. 중앙당이 중앙선거관리위원회에 등록하는 절차를 마치면 정당으로 인정된다.

우선 창당준비위원회부터 살펴보자. 정당법은 중앙당과 5개 이상 시·도당을 갖출 것을 요구하기 때문에 중앙당과 시·도당에 각각의 창당준비위원회를 꾸려 창당 작업을 진행해야 한다. 중앙당 창당준비위원회는 200명 이상의 발기인으로 구성되며, 시·도당 창당준비위원회의 조직 지원 및 시·도당 창당 승인, 창당대회 준비 등의 활동을 수행한다. 중앙당 창당준비위원회를 결성하기 위해서는 중앙선거관리위원회에 정당 명칭과 사무소 소재지, 발기인과 그 대표자의 성명 등을 신고해야 한다. 중앙당 창당준비위원회는 결성 후 6개월간 활동할 수 있으며, 중앙당 창당 등록 신청 이후 소멸된다. 시·도당 창당준비위원회는 100명 이상의 발기인으로 구성되어야 하며, 별도의 신고 절차가 필요없다.

시·도당 창당준비위원회는 창당준비를 마치고 공개적인 창당집회를 개최한 후 사무소의 소재지와 대표자 및 간부의 성명 등을 명시해 관할 시·도선거관리위원회에 시·도당을 등록해야 한다. 시·도당 등록을 위해서는 관할 구역에 주소를 둔 1,000명 이상의 당원을 확보해야 하며, 등록신청 시 당원의 입당원서 사본과 창당대회 회의록을 첨부해야 한다.

정당법이 요구하는 5개 이상 시·도당이 모두 선거관리위원회에 등록되면 중앙당 창당집회를 준비한다. 창당집회는 중앙당 창당준비위원회에서 준비하며, 창당집회 5일 전까지 일간신문을 통해 정당의 창당을 알려야 한다. 창당집회를 마친 후 중앙선거관리위원회에 중앙당을 등록하면 창당 절차가 완료된다.

이처럼 정당의 창당은 정해진 절차에 따라 진행되어야 하며, 각각의 수순을 밟는 데 시간이 필요하기 때문에 창당을 결심했다고 하루아침에 등록할 수 있는 것이 아니다. 자금과 조직, 지지세력 등이 없으면 창당에 필요한 조건을 갖추지 못해 정당으로 등록할 수 없다.

당원가입

정당 활동은 헌법에서 보장하는 권리로서 정치적 의사형성을 위한 행위지만, 누구나 당원으로 가입해 정당 활동에 참여할 수 있는 것은 아니다. 우리 정당법은 당원이 될 수 있는 자와 당원이 될 수 없는 자를 구분하고 있는데, 16세 이상의 대한민국 국민으로 공무원이나 교원이 아니면 정당에 가입할 수 있다.

이 조건들을 하나하나 살펴보면, 첫 번째 조건은 연령에 따른 규제로 16세 이상이어야 당원가입이 가능하다. 본래 정당법에서는 국회의원선거의 선거권이 있는 자, 즉 19세 이상으로 당원가입을 제한하고 있었지만, 최근 선거권과 피선거권 연령을 낮추면서 정당 가입 연령도 동시에 낮아졌다. 선거권의 경우 제21대 총선(2020)을 앞두고 선거에 참여할 수 있는 연령을 기존 19세에서 18세로 낮추었다. 또한 제8회 동시지방선거(2022)에 앞서 총선과 지방선거의 피선거권, 즉 후보자가 될 수 있는 연령을 기존 25세에서 18세로 낮추었다. 이는 선거에서 투표하거나 후보자로 출마할 수 있는 권한이 국민의 기본적인 권리로서 연령제한을 낮추어 그 범위를 확대해야 한다는 요구에 따른 것이다.

선거권을 낮추어야 한다는 요구는 청소년 단체 등을 중심으로 전개되었으며, OECD 국가들 대부분이 18세 이상 국민에게 선거권을 부여하고 있다는 점이 중요한 논거로 제시되었다. 특히 한국과 더불어 19세로 선거권 연령이 높았던 일본이 2015년 선거법 개정을 통해 선거권 연령을 18세로 낮추면서 한국이 OECD 국가들 가운데 유일하게 19세가 되어야 선거권을 가질 수 있는 국가가 되었다는 점도 법률 개정의 배경이 되었다.

한편 국회의원선거와 지방선거에 출마할 수 있는 자격, 즉 피선거권은 한국이 여타 국가들에 비해 낮은 편이다. OECD 국가의 피선거권 연령 평균은 23살로 한국의 18살보다 높다. 피선거권 연령이 18세로 낮아진 이후 처음 실시된 2022년 지방선거에서 20세 미만 후보자는 지방의회 비례대표선거에 5명, 지역구 선거에 2명으로 총 7명이 출마했으며, 비례대표 기초의원 선거에서 1명이 당선되었다.

피선거권 연령을 낮추면서 정당 가입 연령도 낮아졌다. 18세에 정당의 추천을 받아 후보자로 등록하려면 최소 2년 정도는 정당 활동을 할 필요가 있다는 점에서 정당 가입 연령을 16세로 낮추게 되었다. 다만 18세 이하 청소년은 부모의 동의를 얻어야 가입할 수 있도록 했다.

정당 가입 연령을 16세로 낮추면서 비로소 연령에 의한 당원 자격이 다른 국가들과 비슷한 수준이 되었다. 우리나라는 청소년이 정치에 관심을 갖거나 참여하는 것을 우려하는 경우가 많다. 청소년은 미성년자로서 자기 결정권을 갖기 어렵고, 학업에 매진해야 하는 상황에서 정치에 관심을 갖는 것이 바람직하지 않다는 견해가 그것이다. 하지만 정당정치가 발달한 서구 국가들에서는 청소년기부터 정당에 가입해 활동하는 것이 일반적이며, 정당들은 당내에 청년 조직을 두어 어려서부터 정당 활동을 경험하도록 한다. 법률로 당원의 연령을 제한하고 있는 한국과 달리 외국 정당들은 당규로 당원의 자격 조건을 규정하고 있는데 많은 정당이 14세나 16세 이상이면 당원으로 가입할 수 있도록 하고 있다.

두 번째 조건은 국적에 따른 규제로 대한민국 국민이어야 당원 가입이 가능하다. 당원의 자격을 자국 국민으로 제한하는 사례들은 다른 국가에서도 볼 수 있다. 예를 들어 영국 노동당은 영국 국민이거나 영주권자, 영국에서 1년 이상 거주한 자로 당원 자격을 제한하고 있으며, 일본 자민당은 일본 국적을 가져야 당원가입이 가능하다. 미국은 주별로 정당의 당규를 별도로 정하는 사례들이 많은데, 대부분의 주 정당들이 해당 주에 거주하는 주민으로 당원 자격을 제한하고 있다. 하지만 영국이나 일본, 미국은 법률로 당원 자격을 제한하는 것이 아니라 정당 자율에 맡기고 있어서 정당의 규칙을 통해 당원 자격을 제한하고 있다.

연령과 국적 제한은 한국뿐 아니라 다른 국가에서도 제한하는 사례들이 발견된다. 다만 한국이 법률로 제한하는 것과 달리 대부분의 국가들은 정당 자율로 규정하도록 하고 있어서 같은 국가에서도 정당에 따라 연령이나 국적 제한이 다르다.

독일은 한국과 같이 「정당법」을 두고 있는 몇 안 되는 나라다. 하지만 당원 관련 규정은 법률로 정하지 않고 정당 자율에 맡기고 있다. 독일 「정당법」 제10조(당원의 권리)에 따르면, 정당은 당헌에 따라 입당을 결정하되, 판결에 의해 선거권 혹은 피선거권이 박탈

된 자는 정당의 당원이 될 수 없다. 그에 따라 정당별로 당원으로 가입할 수 있는 연령과 자격 기준이 다른데, 사민당의 경우 사민당의 원칙에 동의하는 14세 이상인 자는 누구나 입당이 가능하다. 이름, 생년월일, 주소지, 이메일, 전화번호, 당비 자동이체용 은행 계좌정보, 입당신청 지역, 신청일시 및 신청인 서명 등을 기재한 입당원서를 제출한 뒤 입당할 수 있다. 독일 녹색당의 경우 당원가입을 위한 연령 제한이 없다. 녹색당 입당신청서에 인적사항(이름, 주소지, 생일, 이메일주소), 월별 당비 금액과 당비 납입기한, 당비 자동이체용 은행 계좌번호, 입당신청 장소, 신청일시, 신청인 서명 등을 기재해 입당원서를 제출하면 당원으로 가입할 수 있다.

스웨덴의 경우 별도의 정당 관련 법률이 없다. 입당 및 탈당 관련 규정은 정당이 자율적으로 정하고 있으며, 사민당 등 주요 정당의 경우 입당 자격요건의 제한을 두고 있지 않다.

프랑스의 경우 정당의 당원 관련 규정 등을 다룬 법률은 없지만 「단체협약에 관한 법률」에 따라 미성년자도 정당을 비롯한 단체의 구성원이 될 수 있다. 다만 16세 이하 미성년자가 정당에 가입하기 위해서는 법적 보호자의 사전 서면 동의가 필요하다. 한국의 경우 정당법에서 16세 이상 청소년의 당원가입을 허용하면서 미성년자의 경우 법적 보호자의 서면 동의를 요구하는 것과 비슷한 맥락이라고 할 수 있다. 이러한 규정에 따라 당원가입연령 제한이 없으며, 프랑스 사회당은 사회당의 원칙과 목적에 동의하는 사람은 누구나 당원이 될 수 있다고 규정할 뿐 연령이나 국적 제한을 두지 않고 있다.

미국은 일정 금액의 당비를 정기 납부하고, 당내 의사결정에 참여할 수 있는 투표권을 부여받는 당원의 개념이 없으며, 이를 규정하는 법률도 없다. 민주당이나 공화당의 당헌·당규에도 당원의 자격이나 의무와 관련해 별도의 규정이 없으며, 지지자와 당원의 구분이 분명하지 않다. 민주당 당헌은 민주당을 지지하고 민주당원으로 불리기를 원하는 사람은 누구나 민주당원이 될 수 있다고 규정하고 있다.[6] 개별 주정당이나 지역의 정당위원회가 임의로 당원제도를 운영하고 있지만, 대부분 정기적인 후원 등을 약정하는 정도에 그치고 있다. 연방법률인 「선거인등록법(National Voter Registration Act)」은 유권자 등록 시 지지하는 정당을 기입하도록 하고 있는데, 유권자의 지지 정당 표기(2022년 10월 기준)에 따르면 공화당(Republican) 지지자는 35,723,389명, 민주당(Democrats) 지지자는 47,194,492명 정도로 집계된다.[7]

세 번째 조건은 직업과 관련된 규제로 공무원이나 교원의 경우 자신이 지지하는 정당의 당원으로 가입할 수 없다. "공무원의 정치적 중립성" 보장을 이유로 정당법뿐 아니라 국가공무원법이나 지방공무원법에서도 정당 가입을 금지하는 규정을 두고 있다. 다른

6) Democratic Party, *The Charter & the Bylaws of the Democratic Party of the United States*, 2012. 9. 7, p.6.

7) "Partisan affiliations of registered voters", 2022. 10. 31, 〈https://ballotpedia.org/Partisan_affiliations_of_registered_voters〉.

나라에서도 공무원이나 교원의 정치활동을 제한하는 경우가 있지만, 한국과 같이 정당 활동 자체를 금지하는 사례는 발견하기 어렵다. 미국, 영국, 독일, 프랑스, 일본 등 주요국 가운데 공무원의 당원가입을 금지하는 경우는 일본이 유일하며, 다른 국가는 당원가입과 기본적인 정당 활동을 허용한다.

공무원의 정치적 중립 관련 해외 사례

구분	공무원의 정치활동 규제정도	법규정	공무원의 정치활동 내용	정당 가입
미국	엄격하게 규제	세밀하게 규정	정치문제 및 후보자에 대한 의견표시 가능 특정정당자금의 유치와 제공유도금지 (자발적 납부가능) 특정정당의 후보를 위한 선거운동금지 특정 정당의 직위보유금지	제한 없음
영국	다소 규제	전통·관습·공무원의 판단과 자제에 맡기는 방식	제1집단(최하위직) - 정치활동 완전 보장 중간집단(서기직) - 국회의원 출마금지, 기관장 허가를 얻어 정치활동 가능 제2집단(행정클라스) - 정치활동 엄격히 금지	제한 없음
일본	엄격하게 규제	세밀하게 규정	공직선거의 후보자로 출마불가 정당 또는 정치적 목적을 위한 기부금을 보집하는 행위 금지	제한

구분	공무원의 정치활동 규제정도	법규정	공무원의 정치활동 내용	정당 가입
독일	관대한 경향	규정 있음	연방상원의 경우 공무원의 겸직허용 연방수상 및 장관은 겸직금지	제한 없음
프랑스	가장 자유로움	구체적 규정 없음	공무원의 국회의원 출마 가능 당선되어도 공무원신분 보장	제한 없음

자료: 중앙선관위 자료, 「공무원의 중립 의무: 해외 사례」, 2020.

공무원과 교원의 정당 가입을 금지하고 있는 현행 법률에 대해 국민의 기본적인 참정권을 침해한다는 이유로 헌법재판소에 위헌 소송을 제기하기도 했으나 이러한 법률 조항이 기본권을 침해하지 않는다는 것이 지금까지 헌법재판소의 입장이다. 헌법재판소는 2004년과 2005년, 2014년 판결에서 공무원과 교원의 정당 가입 금지 규정이 헌법에 위배되지 않는다고 결정했으며, 최근에는 2020년에도 합헌으로 결정했다.[8] 정당가입이 국민의 정치적 기본권인 것은 맞지만, 공무원은 국민에 봉사하는 공직자라는 신분을 가진다는 점, 공무원의 정치적 중립성 규정이 국가권력이나 정치세력으로부터 부당한 간섭을 받지 않게 하려는 의도라는 점에서 정당 가입을 금지한 규정이 헌법에 위배되지 않는다고 보았다.

공무원의 정치적 중립성 규정은 민주화 이전 시기 공무원을 통

8) 헌재 2020. 4. 23. 2018헌마 551.

한 선거개입이나 부정선거의 경험으로 인해 다소 엄격하게 제한된 측면이 있다. 헌법재판소 결정문에서 볼 수 있듯이 공무원의 정치적 중립을 보장함으로써 외부의 부당한 압력에서 벗어나 공무원으로서의 책무에 전념할 수 있도록 하려는 의도인 것도 맞다. 하지만 정당 가입은 선거개입이나 선거운동 등과 달리 자신이 지지하는 정치집단에 대한 지지의사를 밝히는 행위로서 국민의 한 사람인 공무원에게 이러한 행위까지도 금지하는 것은 과도한 규제로 볼 여지가 있다.

이 문제에 대해 UN 의사표현의 자유 특별보고관 보고서(2011)는 한국 내 공무원의 의사, 표현의 자유 보장이 필요하다는 의견을 표명했다.[9] 해당 보고서는 공립학교 교사들이 학생의 견해와 의견 형성에 중요한 역할을 하고 있음을 인정하는 한편, 대한민국 정부가 교사들이 개인으로서 가지고 있는 표현의 자유에 관한 권리를 보장할 것을 권고했다. 또한 현행법이 공무원들의 참정권을 포괄적이고 획일적으로 제한하고 있으며, 이는 헌법 제37조 과잉금지 원칙에 위배되므로 헌법에서 보장하는 기본권을 본질적으로 침해하고 있다는 주장도 있다.[10]

해외 사례를 보면 공무원이라고 하더라도 정당 가입 등 기본적인 정치활동은 허용하는 것이 일반적이다. 다수 국가에서 정당 가

9) A/HRC/17/27/Add.2. 〈https://digitallibrary.un.org/record/700120?ln=en〉.

10) 위종욱. (2018). 공무원의 정당가입 자유에 대한 헌법적 고찰: 정당법 제22조 당원의 자격 조항을 중심으로. 서강법률논총, 7(1), 113-144.

입 등 기본적인 정치활동은 인정하되 직무와 관련되어 선거에 영향을 미칠 수 있는 행위들은 엄격히 금지하고 있다. 또한 고도의 정치적 중립이 요구되는 특수직 공무원(선관위 공무원, 검찰과 경찰 등 수사직 공무원, 재판관, 국정원 등)들은 예외적으로 정치적 중립성이 엄격히 적용되기도 한다.

우리나라의 경우 공무원과 교원에 대해 정당가입을 금지하는 등 정치 활동을 전면적으로 금지하고 있는데, 이는 국민의 한 사람인 공무원과 교원의 정치적 기본권을 지나치게 침해하는 것으로 과잉금지의 원칙에 위배된다고 볼 여지가 있다. 이에 해외 사례를 참고해 정당 가입 등의 기본적인 활동은 허용하되 직무와 관련된 정치활동이나 선거개입은 엄격히 금지하는 방향으로의 제도 변화를 검토할 필요가 있다.

정치연구총서 09

정치연구총서 09

3장
지구당, 왜 필요한가

지구당이란

지금은 폐지되었지만 지구당은 정당을 구성하는 기본 단위로 지역에서의 정당 활동 거점으로서의 역할을 해왔다. 1962년 제정된 정당법은 정당으로 등록하기 위해서는 중앙당과 지구당을 두어야 하며 중앙당은 수도에, 지구당은 국회의원선거구 단위로 설립하도록 했다. 또한 지구당에는 50명 이상의 당원이 있어야 하며, 전국 5개 이상 시·도에 흩어져서 전체 국회의원선거구의 1/3 이상 지역에 지구당을 두어야 정당 등록이 가능하도록 했다.

정당법이 만들어진 이후 2004년까지 정당 등록을 위해 필요한 지구당의 수나 당원 수에서는 변화가 있었지만, 정당을 중앙당과 지구당으로 구성한다는 기본 원칙은 변하지 않고 지속되었다. 당원으로 가입하면 지구당에 있는 당원명부에 등록해 관리했으며, 정당에서 탈당을 하려면 지구당에 탈당 신고를 해야 했다. 유권자가 정당 활동을 위해 만나게 되는 것도 자신이 사는 지역 소재의 지구당이다. 이처럼 지구당은 정당 조직의 근간이라고 할 수 있으며, 정당의 창당과 해산, 입당과 탈당 등 정당을 조직하고 운영하는 과정에서 중요한 위치를 차지하고 있었다.

또한 지구당은 정당의 하위조직으로 시민들의 의견을 수렴하고 정당정치에 참여할 수 있는 창구로서의 역할을 수행해왔다. 즉 단순히 당원 조직을 관리하는 기능 외에도 지역 주민들의 의견을 수렴해 정당의 정책에 반영하거나 지역의 민원을 해결하는 등 가장 일선에서 국민과 정당을 연결하는 통로로 활용되었다. 중앙당이 대표나 최고위원, 국회의원이나 지방의회의원 등 선출직 당직자들로 구성되어 당의 정책과 비전을 제시하고 방향성을 제시하는 역할을 했다면, 지구당은 유권자를 정당과 연결하고 지역의 목소리가 정당 정책으로 반영될 수 있도록 하며, 당원과 유권자들이 정당 활동에 참여할 수 있는 통로로서 역할을 수행했다.

지구당은 평상시에는 당원교육, 민원 해결, 여론 수렴 등의 기능을 수행했으며, 선거기간에는 선거운동 사무실로 사용되었다. 평상시 지구당의 운영은 지역별로 조직된 지구당 하위조직들과 운영위원회, 여성위원회, 청년위원회 등 분과위원회를 중심으로 이루어졌다. 그 외에 지구당의 하위조직은 아니지만 산악회, 친목회, 조기축구회 등 지구당 위원장이 운영하는 사조직도 활발하게 활동했는데, 평상시에는 경조사나 친목 모임을 중심으로 관리·운영되다가 선거기간에는 지구당 위원장의 선거활동 조직으로 전환되었다. 이러한 사조직을 운영하거나 관리하는 비용 또한 지구당 운영비의 일부를 차지했다.

지구당의 운영비는 주로 중앙당에서 지명한 지구당 위원장이 책임지고 있었으며, 사무실 임대료, 직원 월급과 같은 경비 외에 지역에서의 경조사비와 각종 행사 비용 등으로 상당한 비용이 소요되었다. 지구당의 운영과 관련해 정당의 당헌·당규에서는 지구당 대의원들이 위원장을 선출하도록 규정하고 있지만 실제로는 중앙당에서 지명하는 경우가 많았으며, 이로 인해 지구당 위원장의 중앙당에 대한 종속성이 높았다. 지구당 조직 또한 운영비를 제공하는 위원장의 개인적인 연고를 중심으로 간부들이 구성되는 사례가 많았다.

지구당 폐지의 배경

운영의 문제

지구당 폐지의 배경으로는 첫째, 지구당의 방만한 운영과 지구당 위원장으로의 권한 집중 등 지구당 운영에 대한 문제제기였다. 지구당은 정당 조직의 가장 기본이 되는 단위로, 당원을 관리하고 교육하는 기능을 수행했으며, 국회의원 선거구 단위로 운영되었기에 지구당 위원장은 현직 국회의원이거나 국회의원선거 출마를 준비하는 정치인으로 지구당 조직을 통해 선거운동을 펼쳤다. 하지만 조직을 운영하고 당원과 유권자를 관리하기 위한 운영비가 적지 않게 필요했으며, 지구당 운영비 마련을 위한 비리가 발생할 소지가 많았다. 이에 정경유착 등 고비용 저효율 정치의 표본이자 지구당 위원장을 중심으로 한 정치적 비리와 비민주성의 온상으로 지목되어왔으며, 지구당 운영 방식의 개선에 대한 요구가 지속적으로 제기되었다.

지구당은 과거 정당의 모습에서 보이던 보스 중심 정당정치의 축소판이었다. 정당의 보스를 중심으로 정치자금이 분배되고 자금의 조달을 책임지는 보스 1인 체제로 움직이는 정당의 비민주성과 정치적 부패 문제가 지구당에서도 나타났다. 즉 지구당 위원장이 운영자금 마련을 위해 음성적인 정치자금을 운용할 수밖에 없었고 지구당 운영을 책임지는 위원장에게 권한이 집중되었다. 지구당 운영비는 사무실 임대료와 직원 월급 등 사무실 경비 외에도 지역 주민들의 경조사비, 행사 진행비, 조직책 관리비 등 적지 않은 경비가 소요되었다. 서울을 비롯한 수도권에서는 한 달에 1,000만 원 이상의 운영비가 들었으며, 수도권 이외의 지역에서도 300만 원 이상의 비용이 들었다. 이러한 경비를 지구당 위원장이 부담하면서 정경유착이 발생할 수밖에 없는 구조가 형성된 것이다. 지금은 당비를 내는 당원 수가 늘면서 중앙당의 지원이나 당비를 통해 운영비의 상당 부분을 지원받을 수 있겠지만, 당시는 당비를 내는 당원이 적어 운영비의 대부분을 지구당 위원장이 마련해야 하는 상황이었다.

지구당 위원장들은 대부분 직업 정치인으로 별도의 직업을 갖지 않는 경우가 많아서 운영비 조달을 위해서는 불법적인 정치자금을 유용하는 경우가 많았다. 중앙당에서 지구당 운영비의 일부를 지원하기도 했지만, 그 비용은 사무실 운영비 일부를 보조하는 정도이고 보면, 사실상의 운영비는 지구당 위원장의 사비로 마련할 수밖에 없었다. 현역 국회의원의 경우 상대적으로 부담이 덜하지만 지구당 위원장이 국회의원이 아닌 경우에는 운영비 조달이 부담이 될 수밖에 없었다.

지구당 운영의 또 다른 문제는 지구당 위원장에게 모든 권한이 집중되었다는 점이었다. 이는 운영비 마련을 위원장이 책임지고 있는 구조와도 연관이 되는데, 지구당 사무실의 운영 경비와 당직자들 활동비를 위원장이 조달하는 대신 지구당 조직을 위원장의 사조직처럼 운용하는 경우가 많았다. 이처럼 지구당 운영 권한이 위원장에게 집중되면서 지구당에서의 정당 활동은 비민주적으로 운영될 수밖에 없었다. 지역 단위에서 유권자들의 의견을 수렴하고, 정당의 정책을 홍보해야 하는 지구당 조직이 사실상 위원장의 사조직처럼 움직이면서 선거를 준비하고 선거운동을 하는 조직처럼 활용되었다. 이는 정당의 기초 단위로서의 지구당이 제 역할을 하지 못하는 결과를 초래했다.

정당 개혁 담론의 변화

지구당 조직의 운영과 관련된 문제제기와 더불어 정당에 대한 인식의 전환이 지구당 폐지의 배경이 되었다. 민주화 과정에서 정당은 국민의 정치참여를 위한 통로이자 국민의 정치적 의사를 대변하는 결사체로 인식되면서 정당을 활성화해야 한다는 인식이 컸다. 이에 정당법 개정 시 정당의 권한과 권리를 확대하고, 정당 활동의 자유를 확대하기 위한 방향으로 논의가 진행되었다.

1987년 민주화 이후 정당 개혁의 과제는 권위주의 체제에서 축소되었던 정당의 역할과 기능을 강화하는 것으로 집중되었다. 실제 당시의 정당법 개정 내용을 살펴보면, 정당을 설립하기 위해 필요한 지구당 수를 줄이거나 정당 가입 자격을 완화하는 등 정당 가입이나 설립 요건을 완화함으로써 정당 활동을 활성화하는 내용이 다수를 점한다. 1993년에는 정당 가입이 금지되었던 언론인의 정당 가입을 전면 허용했으며, 지구당 창당준비위원회 신고제도를 폐지해 창당 절차를 간소화했다. 정당 설립에 필요한 지구당의 수도 전체 국회의원선거구 중 10%로 축소했다.

하지만 1990년대 후반 이후 정당 개혁의 방향성이 변화되었다. 정치 개혁의 방향성이 정당 활동의 활성화에서 방만한 정당 조직을 축소하고 정당 운영의 투명성을 확보하는 방향으로 변화되었다. 특히 "돈은 묶고 입은 푼다"라는 비유처럼 정당 활동의 자유는 확대하되, 정경유착을 줄이고 정치자금의 투명성을 높이는 방향으로 정당법 개정이 이루어져왔다. 정당 유급사무직원의 수를 축소하고, 읍·면·동에 둘 수 있도록 했던 당 연락소를 폐지하는 등 고비용 정치구조를 개선하고자 했다. 또한 당비 대리납부를 금지하고, 당내경선 시 매수행위를 금지하는 등 정당 운영의 투명성을 높이기 위한 방안도 마련되었다. 2004년 정당법 개정을 통해 지구당을 폐지한 것은 이러한 방향성의 연장선상에 있다.

이 같은 변화의 배경에는 1997년 IMF 외환위기 이후 한국사회의 개혁 담론이 민주화 담론에서 신자유주의에 입각한 경쟁력 강화 담론으로 전환된 것을 들 수 있다. 외환위기를 거치면서 효율성과 투명성이 한국 사회 전반의 개혁 담론으로 제시되었으며, 정치개혁의 방향성 또한 정당 활동의 활성화나 국민의 정치참여 확대보다는 투명성과 효율성 제고를 강조하게 된 것이다. 지구당 폐지와 관련해 가장 큰 문제로 지적된 것이 "고비용 저효율 구조"라는 것을 보더라도 지구당을 운영하는 과정에서 발생하는 비민주성을 강화하는 것보다는 투명하고 효율적인 정당 조직을 만드는 것이 더 큰 관심사였음을 알 수 있다.

정치적 담론 구조의 변화는 중앙당이나 지구당 등 정당의 원외 조직을 축소하고 국회의원들이 정당 활동의 중심이 되어야 한다는 원내정당론 논의와도 연결된다. 유권자들의 정치적 무관심이 커지면서 정당의 역할이 축소되고, 정당 기능은 선거에서의 승리와 의회 활동이 중심이 되어야 한다는 것이 원내정당론의 핵심적인 주장이다. 그런 관점에서 보면 지구당은 유지하기에 돈이 많이 들 뿐 아니라 각종 비리가 발생할 수 있는 공간이므로 폐지하는 것이 낫다는 결론으로 이어질 수 있다.

하지만 정당은 효율성만으로 판단할 수 있는 것은 아니다. 지구당을 통한 국민의 정치적 의사 표명과 소통 행위는 대의 민주주의를 유지하기 위한 것으로 비록 비용이 들더라도 필요한 부분이다. 지구당은 고비용구조나 비민주적 운영이라는 문제에도 불구하고 정당과 지역주민을 연결하는 가장 중요한 매개체이기 때문이다. 정당 소속의 국회의원이나 지방의원들이 있지만, 개인 수준에서 담당할 수 있는 역할은 한계가 있다. 지구당은 정당 조직으로 유권자와의 소통 외에도 당원을 모집하고 관리하며 교육하는 등 지역주민이 정당 활동에 참여할 수 있는 통로다. 지구당의 폐지는 정치자금 축소와 효율적인 정당 운용이라는 측면을 강조함으로써 민의 수렴과 지역주민과의 소통이라는 대의 민주주의적 측면을 무시한 결과라고 할 수 있다. 지구당 폐지로 풀뿌리 차원에서 정당의 역할은 축소되었으며, 과거 지구당에서 수행했던 민원 처리나 지역주민과의 소통 업무는 일정부분 지방의회 의원들에게 넘겨졌다.

시·도당과 당원협의회

2004년 정당법 개정 과정에서 지구당 제도의 개선 방향으로 논의 테이블에 오른 것은 크게 두 가지로 요약된다. 하나는 지구당을 존속시키되 운영의 투명성과 민주성을 강화하는 방안이었고, 다른 하나는 지구당을 폐지하는 것이었다. 전자는 정당의 근간으로서 지구당의 중요성을 강조하는 입장으로, 개선의 필요는 있지만 폐지해서는 안 된다는 입장이었다. 반면 후자는 지구당이 정당과 국민을 연결하는 통로로서 기능하기보다 총선 조직으로 활용되면서 각종 비리행위의 온상으로 고비용구조를 가져올 수밖에 없다는 입장으로, 폐지하는 것이 대안이라고 보았다.

지구당 문제를 둘러싼 국회에서의 논의는 정치개혁특별위원회에서 진행되었는데, 일명 '정개특위'라고 불리는 이 위원회는 선거, 정당, 정치자금 등 정치관련 법률의 개정을 논의하는 곳이다. 2004년 총선을 앞두고 정치권에서는 유권자의 표심을 얻기 위한 정치 개혁 논의가 경쟁적으로 이루어졌는데, 지구당 개선 과제도 그중 하나였다. 당시의 논의는 2003년 겨울, 2002년 대선 과정에서 한나라당이 불법 선거자금을 받았다는 소위 "차떼기" 현금 수수 사실이 밝혀지면서 정당 운영과 선거자금의 투명성 확대 요구가 확산되는 중에 진행되었다. 불법 정치자금 수수 논란은 정당에 대한 유권자들의 불신을 높였으며, 2004년 총선을 앞둔 시점에서 정당들은 관련 법률의 개정에 나서지 않을 수 없었다.

정개특위는 2003년 11월 학계, 법조계, 언론계, 시민사회 대표들로 "범국민정치개혁협의회"를 구성해 고비용 정치풍토를 개선하기 위한 방안을 논의했으며, 협의회는 지구당을 폐지할 것을 제안했다. 지구당을 폐지하자는 제안에 대해 한나라당과 통합민주당은 찬성했으나 열린우리당은 미온적인 입장을 밝혔지만, 결국 지구당을 폐지하는 것으로 합의가 이루어졌다.

당시 정개특위에서의 논의과정을 보면 지구당을 폐지할 경우 나타날 수 있는 문제들에 대해서도 지적이 있었다. 즉 지역 단위에서의 정당 조직이 없어질 경우 정당 활동의 구심점이 사라지게 되므로 연락사무소 등을 설치할 수 있도록 하자는 의견들이 있었다. 국회의원 선거구 단위로 운영되던 지구당은 정당 활동뿐 아니라 선거 조직으로서의 역할도 하고 있었는데, 지역구 단위에서의 구심점이 없어지면 음성적인 정치모임이 나타날 수 있다는 우려도 있었다. 그럼에도 지구당 폐지로 결론이 난 것은 차떼기 정당이라는 비난과 제17대 총선을 준비하는 정당 입장에서 시민사회로부터의 강한 개혁 요구를 뿌리칠 수 없었기 때문이다.

결국 2004년 개정된 정당법은 지구당을 폐지하고 정당을 중앙당과 시·도당으로 구성하도록 했다. 개정 이전 국회의원선거구를 단위로 하는 지구당은 정당 구성의 기본 단위로서 정당의 창당과 해산을 위해 꼭 필요한 조직이었으며, 지구당을 통해 당원으로 가입하거나 탈당이 이루어지는 등 중요한 지위를 차지하고 있었다. 하지만 지구당이 폐지됨으로써 중앙당과 지구당으로 구성되었던 정당 조직은 중앙당과 시·도당으로 구성이 바뀌었으며, 시·도당 이하의 지역조직에 대해서는 별도의 법 규정이 마련되지 않아 지역에서 유권자들과 소통할 수 있는 정당 조직을 구성할 수 없게 되었다. 다음 표를 보면 입당이나 탈당, 당원명부 비치 등 과거 지구당이 담당했던 업무들이 시·도당으로 이관되었다.

지구당 폐지(2024. 3. 12 개정) 전후 정당법의 변화

지구당 폐지 이전 정당법	지구당 폐지 이후 정당법
제2조(구성) 정당은 수도에 소재하는 중앙당과 국회의원지역선거구를 단위로 하는 지구당으로 구성한다.	제2조(구성) 정당은 수도에 소재하는 중앙당과 특별시·광역시·도에 각각 소재하는 시·도당으로 구성한다.
제20조(입당) 당원이 되고자 하는 자는 서명날인을 한 입당원서를 지구당 또는 그 창당준비위원회에 제출하여 입당신청을 하여야 한다.	제20조(입당) 당원이 되고자 하는 자는 서명날인을 한 입당원서를 시·도당 또는 그 창당준비위원회에 제출하여 입당신청을 하여야 한다.
제21조(거주요건) 법정 당원 수에 해당하는 수의 당원은 당해 지구당의 지역 안에 거주하여야 한다.	제21조(거주요건) 법정 당원 수에 해당하는 수의 당원은 당해 시·도당의 지역 안에 거주하여야 한다.
제22조(당원명부) ① 지구당에는 당원명부를 비치하여야 한다.	제22조(당원명부) ① 시·도당에는 당원명부를 비치하여야 한다.
제23조(탈당) ① 당원이 탈당하고자 할 때에는 탈당신고서를 소속 지구당에 제출하여야 하며, 소속 지구당에 제출할 수 없을 때에는 그 상급당부에 제출할 수 있다.	제23조(탈당) ① 당원이 탈당하고자 할 때에는 탈당신고서를 소속 시·도당에 제출하여야 하며, 소속 시·도당에 제출할 수 없을 때에는 그 중앙당에 제출할 수 있다.

2004년 정당법 개정은 지구당 폐지 외에도 정당 조직을 축소하고 운영비를 줄이는 등 투명성과 효율성을 높이는 방향으로 진행되었다. 정당의 사무직원 수를 축소했으며, 당내경선을 선거관리위원회에 위탁하도록 함으로써 향후 경선을 둘러싼 잡음이나 비리의 발생 여지를 줄이고자 했다.

2004년 정당법 개정으로 인한 변화

구분	개정 이전	개정 이후	현행(2024년 기준)
정당의 구성	중앙당과 지구당 - 필요시 시·도에 당 지부를, 구·시·군에 당 연락소를 둘 수 있음	중앙당과 시·도당	중앙당과 시·도당 - 필요시 국회의원지역구 및 자치구·시군, 읍·면·동별로 당원협의회를 둘 수 있음 - 당원협의회에 사무소를 둘 수 없음
유급 사무직원	중앙당: 150인 이내 당 지부: 5인 이내 지구당: 2인 이내 당 연락소: 1인	중앙당: 100인 이내 시·도당: 각 5인 이내	중앙당: 100인 이내 시·도당: 총 100인 이내
당내경선	규정 없음	공직선거후보자 추천을 위한 당내경선 절차 및 투개표 사무의 선관위 위탁 가능	당대표 경선 사무 중 투개표 관련 사무의 선관위 위탁 가능 - 공직선거를 위한 당내경선 사무 규정은 공직선거법으로 이관

지구당이 폐지되면서 시·도당 이하 단위에서는 정당 활동을 위한 조직이 없어졌다. 시·도당에서 당원관리 업무 등 과거 지구당의 업무를 행하게 되었지만, 입당과 탈당 등의 공식적인 업무 외에 당원교육이나 지역의견 수렴, 민원해결 등의 업무를 수행하기에는 한계가 있었다. 지구당은 국회의원선거구 단위로 설치되어 지역의 현안을 살피고, 지역의 당원들과 밀착되어 운영될 수 있었지만 시·도당에 그러한 역할을 기대하기는 어려웠다. 2004년 당시 국회의

원선거구는 총 243개로 서울과 경기도는 50개에 육박하는 선거구를 가지고 있는데, 서울시당이나 경기도당이 50개에 달하는 선거구의 지역구 관리나 당원교육, 여론수렴 업무를 수행하는 것은 거의 불가능했다.

이에 지역 수준에서 지역구민과 소통하고 정당의 정책을 홍보하거나 민원을 해결하기 위한 창구가 필요했으며, 각 정당은 구·시·군 단위나 국회의원 선거구 단위로 당원들의 자발적인 모임을 만들어 정당 활동을 이어가고자 했다. 일례로 열린우리당은 구·시·군별로 당원협의회라는 것을 만들어 1년 임기의 회장을 두고 당원 모임을 운영했으며, 회장은 선출 후 1년간 공직선거에 출마하지 못하도록 함으로써 과거 지구당이 위원장의 선거용 사조직으로 운영되었던 전례를 되풀이하지 않도록 했다.

국회에서도 이러한 문제를 인식하고 시·도당보다 작은 지역 단위에서 정당과 지역주민이 만날 수 있는 지역조직을 둘 수 있도록 정당법을 개정하게 되었다. 2005년에는 국회의원선거구 혹은 자치구·시·군, 읍·면·동별로 당원협의회를 둘 수 있도록 정당법을 개정했다. 다만 당원협의회에 사무소를 설치하거나 유급 사무직원을 둘 수는 없도록 제한했다.

당원협의회는 지구당과 무엇이 다른가? 우선 지구당은 정당으로 등록하기 위해서는 반드시 갖추어야 하는 조직이었던 반면 당원협의회는 임의기구로서 설치의 의무가 없고, 당원들의 원활한 정당 활동을 위해 자발적으로 설치할 수 있는 조직이다. 지구당이 국회의원선거구 단위로 설치해야 했던 것과 달리 당원협의회는 국회의원선거구 또는 행정구역인 구·시·군이나 읍·면·동 단위에 설치할 수 있도록 했다. 또한 당원들의 자발적인 모임이기 때문에 "당원협의회"라는 명칭만을 사용할 필요도 없다. 다만 사무소와 2인 이내의 유급 사무직원을 둘 수 있었던 지구당과 달리 당원협의회는 사무소를 설치할 수 없다고 법으로 금지했다.

법 개정 이후 정당들은 당원협의회 혹은 지역위원회라는 명칭으로 지역조직을 만들어 유권자들과의 소통 창구로 활용했다. 한나라당과 자유선진당은 당원협의회라는 명칭을, 민주당과 민주노동당, 창조한국당은 지역위원회라는 명칭을 사용했다. 대다수 정당들은 국회의원선거구에 설치해 운영했지만, 민주노동당과 진보신당은 예외적으로 시·군·구에 지역위원회를 설치해 운영했다. 당원협의회나 지역위원회는 당원모임과 교육활동, 지역현안 파악 등의 역할을 하도록 당규로 규정했다.

2024년 현재 국민의힘은 당원협의회를, 더불어민주당과 정의당, 진보당은 지역위원회라는 명칭을 사용하고 있다. 당원협의회 혹은 지역위원회의 설치나 운영은 정당의 당규를 통해 자율적으로 하고 있는데, 국민의힘과 더불어민주당은 253개 국회의원선거구 전체에 당원협의회나 지역위원회를 두고 있다. 그러나 정의당과 같은 소규모 정당은 수도권 일부 혹은 소속 국회의원이 있는 지역에서만 당원협의회나 지역위원회를 운영하고 있으며, 그 밖의 지역에서는 운영하지 않는 경우가 많다.

지구당 폐지 이후 지역에서의 정당 활동

지구당 폐지 이후 지역에서의 정당 활동은 지역별, 정당별로 차이를 보였다. 현역 국회의원이 있는 지역에서는 국회의원이 위원장을 맡아 운영하기 때문에 후원회 사무실에서 당무를 볼 수 있어서 큰 무리 없이 운영할 수 있다. 반면 위원장이 국회의원이 아닌 경우 공식적인 정당 조직을 운영할 수 없고, 사무소도 설치할 수 없어서 활발한 활동이 어렵다. 그나마 수도권 지역에서는 위원장이 국회의원이 아니어도 당원협의회나 지역위원회의 활동이 상대적으로 활발하다. 하지만 당세가 약한 지역, 예를 들어 호남 지역의 국민의힘 당원협의회나 영남지역의 더불어민주당 지역위원회는 활발하게 운영되기 어렵다.

당원관리

공식적으로 정당의 당원관리 업무는 시·도당에서 하도록 되어 있다. 정당법에서도 당원의 입당과 탈당, 당원명부 관리 등을 시·도당에서 하도록 규정하고 있다. 하지만 실제로는 당원협의회나 지역위원회에서 입당이나 탈당 등 당원을 관리하고, 이를 시·도당에 보고하는 방식으로 이루어지는 경우가 많다. 다만 당원명부에 대한 접근이 제한적이어서 단순히 입당이나 탈당 외에 적극적인 당원관리는 어려운 것이 사실이다.

"당원관리의 법률상 주체는 시·도당이지만 당협위원장에게 당원명부 열람권이 있고, 명부에 변화나 수정이 필요한 경우 시·도당에 요청해서 수정하도록 한다. 지역주민 중에 입당을 원하는 사람이 있으면 당원협의회에서 입당원서를 받아 시·도당에 전달한다."(국민의힘 관계자)

지구당이 있던 시기 지구당 위원장은 당원관리에 적극적이었으며, 산악회나 향우회 등을 통해 지역 유권자들과의 만남이나 행사를 적극적으로 추진했다. 친목 모임을 통해 정당 지지층을 확대하고 당원가입으로 이어질 수 있었기 때문이다. 지구당 폐지 이후 이러한 활동은 잘 이루어지지 않고 있다. 가장 큰 이유는 당원명부가 시·도당에 있어서 당원협의회에서는 이를 관리할 수 없기 때문이다. 평상시에는 당원관리를 위해 시·도당에서 당원협의회나 지역위원회에 당원명부를 보여주기도 하지만, 선거가 있는 시기에는 1년 전부터 당원명부 열람이 금지된다.

"당원명부는 선거가 있을 때에는 당내경선의 선거인 명부가 된다. 그래서 총선이나 대선, 지방선거와 같이 공직선거가 있으면 1년 전부터 지역위원회에서 당원명부를 열람할 수 없다. 2024년 총선을 앞두고 지역위원장은 2022년 3월 이후 당원명부를 볼 수 없었다. 실제로 당원명부를 지역위원장이 접근할 수 있는 시기는 1년 반 정도에 불과하다."(더불어민주당 관계자)

그렇다고 시·도당에서 당원관리를 체계적으로 하기도 어렵다. 하나의 시·도당이 10개 지역이 넘는 당원협의회를 담당하고 있기 때문에 명부관리를 넘어서는 당원교육이나 관리는 사실상 어렵다. 당원이 가장 많은 경기도당의 경우 더불어민주당의 당원이 93만 명, 국민의힘은 85만 명인데, 도당에 맞춤형 관리나 교육을 기대하기는 어렵다. 이런 현실 때문에 당원명부는 시·도당에서 관리하지만 실제 당원을 모집하거나 관리하는 일은 당원협의회를 통해 이루어지는 것이 일반적이다.

지역에서 당원협의회나 지역위원회를 통해 당원가입을 의뢰하면 관련 서류를 작성하도록 해서 그것을 시·도당에 전달하는 경우도 많다. 당원협의회나 지역위원회 위원장들은 당원관리 업무는 지구당 시절에 하던 것처럼 동일하게 하고 있는데, 권한은 없기 때문에 어렵다고 한다. "지역에서 입당하는 사람이 있으면 당원협의회에서 입당원서를 받아 이를 스캔해서 시·도당에서 입당 처리를 할 수 있도록 한다. 일은 당협에서 하는데 권한은 없는 것이 한계"다.

현행 시스템은 당원관리와 교육 기능이 시·도당과 당원협의회로 이원화되어 있어 효율성이 떨어진다. 실제 당원들과 대면 접촉하는 것은 당원협의회에서 이루어지지만, 법률상 당원관리와 교육은 시·도당에서 담당하도록 되어 있어서 현실과 법률이 괴리가 있다. 더구나 시·도당의 인력도 전체 시·도당에서 유급 사무직원을 100명 이상 채용할 수 없도록 법률로 제한하고 있기 때문에 시·도당에서 체계적으로 당원관리 업무를 하기에는 인력이 부족하다.

지역의 당원들과 밀착해서 관리하고 교육하는 기능은 당원협의회에서 담당하고 있지만 당원명부를 관리할 수 없으며, 당원교육도 시·도당의 허가를 얻어야 하는 상황에서 당원협의회의 기능은 제한될 수밖에 없다. 당원협의회와 시·도당의 이원화는 지역주민들과 당원들이 정당의 행사나 교육에 참여하거나 지역현안에 대한 민원을 제기하기 어려운 상황으로 이어져 결과적으로 지역에서의 정당 기능 약화를 초래한다.

정당이나 선관위에서도 이러한 문제를 인식하고 있어서 당원협의회의 활동을 지원하는 방안을 마련하고 있다. 정당은 해당 지역구에서 나오는 당비 가운데 일정 비율의 금액을 당원협의회에 배정하고 있는데, 시·도당에서 당비를 관리하면서 당원협의회에서 당비를 사용할 수 있도록 지원한다. 또한 당원교육을 할 때 시·도당에서 장소나 비용을 지원하기도 하며, 선거관리위원회를 통해 교육 프로그램을 지원하기도 한다. 다만 비용의 집행 주체가 시·도당이기 때문에 실제로는 당원협의회에서 주관하는 행사더라도 모든 집행은 시·도당을 통해 이루어진다. 일부 지역에서는 당원협의회에 대한 당비 지원이 없는 사례도 있으며, 지원되는 당비도 정당 현수막 게재 비용 등으로 사용되는 정도에 불과하다는 비판도 있다.

여론 수렴과 민원 처리

당원협의회는 지역의 여론을 수렴해 중앙당에 전달하는 역할을 한다. 중앙당이나 시·도당은 규모가 크고 지역 주민들과 직접 접촉하기가 어렵기 때문에 당원협의회에서 그 역할을 할 수밖에 없다. 선거구 단위로 활동하는 당원협의회의 특성상 지역의 현안이나 정책에 대한 지역주민들의 의견 수렴이 중요하며, 그러한 정보를 바탕으로 다음 선거의 정책을 마련하고 지역 현안에 대응한다.

지구당이 존재하던 시기에는 지구당 사무소를 중심으로 이러한 기능을 수행했지만, 당원협의회 혹은 지역위원회는 별도의 사무소를 설치할 수 없기 때문에 이러한 기능이 상당 부분 축소되었다. 주기적으로 하는 회합이나 모임은 물론이고, 지역 주민들이 찾아와 민원을 제기할 수 있는 장소가 없기 때문이다. 당의 공식 조직인

시·도당을 찾을 수도 있지만, 지역마다 다른 현안을 체크하거나 당원과 유권자를 대면해 관리하기에는 시·도당의 인력이 부족하다.

현재 당원협의회에서 이러한 한계를 보완하기 위한 방안으로 사용되는 것은 인터넷이나 모바일 등의 소통방식이다. SNS는 직접 대면하는 것보다 비용이나 노력이 적게 들며, 당원관리에도 도움이 된다. 온라인으로 가입한 당원들은 비교적 젊은 층의 적극적 참여자들인 경우가 많다. 온라인으로 가입하고 당의 교육이나 활동에 참여하면서 오프라인 활동으로도 영역을 넓히고 있다. 온라인을 통해 당원으로 가입한 청년들은 권유에 의해서 가입한 당원들과 달리 관심이 있어서 입당했기 때문에 정당에서 보내는 교육이나 행사 문자 등을 받으면 적극적으로 참여하는 편이다.

"당원들과의 소통을 위해 단톡방을 만들어 활용하고 있다. 당원들에게 문자를 보내서 자신이 사는 지역의 당원 단톡방에 가입하도록 하고, 당원 관련 교육이나 당의 소식 등을 모두 단톡방을 통해 전달하고 있다. 밴드도 만들어서 소식을 전할 수 있도록 하고 있다."(더불어민주당 지역위원장)

"지역주민들과의 소통을 위해 유튜브를 활용하고 있다. 품은 들지만 홍보 효과가 있고, 촬영 과정에서 만난 사람들을 지지자로 끌어들일 수 있다. 유튜브는 나의 정책이나 활동을 보여주는 콘텐츠가 된다. 경선을 위해서는 우호적인 당원을 모집하는 것이 필요한

데, 유튜브를 찍는 과정에서 만난 사람들이 당원으로 가입하고 이 사람들이 나의 지지자가 된다. 그래서 개인보다는 조직이나 단체를 대상으로 촬영하려고 한다. 선거 전에는 유튜브를 지역 현안 중심으로 재미있게 만들려고 하지만, 선거기간에는 홍보와 정책 홍보 수단으로 활용할 수 있다.”(더불어민주당 지역위원장)

당세가 약한 지역에서는 시·도당이 지역주민과의 소통 통로가 되기도 한다. 이런 지역은 당원 수도 적고, 정당의 활동도 활발하지 않기 때문에 시·도당으로 민원이 접수되는 사례들도 많다.

“우리 지역은 워낙 더불어민주당 당세가 커서 국민의힘 활동을 공격적으로 하기가 어렵다. 찾아가는 것도 꺼려 하는 분들이 많아서 전화해주시는 분들을 주로 만나는 편이고, 노인정이나 급식소 봉사 등을 통해 지역주민들을 만나는 정도다. 다만 최근 국민의힘이 집권당이 되면서 도당을 통해 이런저런 민원들이 들어오는데, 우리 지역구 관련 민원이면 도당에서 연락을 한다.”(국민의힘 당협위원장)

당원협의회 운영

당원협의회는 위원장을 중심으로 운영위원장이나 여성위원장, 청년위원장, 사무국장의 도움을 받아 운영된다. 또한 동마다 운영위원들이 있어서 당원을 지역별로 나누어 관리하고 여론을 수렴한다.

당원협의회 운영과 관련해서 가장 어려운 점은 사무소를 운영할 수 없다는 점과 운영비 마련이다. 현행 정당법은 지역에서의 정당활동을 위해 당원협의회를 운영할 수 있도록 하면서도 사무소를 설치할 수 없도록 금지하고 있다. 하지만 실제 지역에서 정당 활동을 하려면 당원회합이나 소통을 위한 공간이 필요하기에 편법으로 사무실을 운영하는 사례들도 있다. 일부 지역에서는 같은 당 소속 지방의원들이 합동사무소를 개설해 그 공간을 지역위원회에서 사용하기도 한다. 하지만 같은 당 소속 의원들이 거의 없는 지역에서는 그러한 방법도 현실적으로 어렵다. 명함에 휴대폰 번호만 적어두고 휴대폰으로 연락하는 당협위원장이나 지역위원장을 휴대폰 위원장이라고 부르기도 한다.

"당협위원장이 자기 사업을 하거나 변호사여서 개인 사무실을 두는 경우 사무실에서 지역주민이나 당원을 만날 수 있다. 하지만 당원협의회의 공식적인 활동이나 모임을 사무실에서 하는 것은 불법이기 때문에 그러한 점이 어렵다. 때로는 자기 사무실을 두고 따로 커피숍에서 회의를 하는 웃지 못할 상황도 생긴다. 개인 사무실에서 당원들과 회의를 하면 불법이고, 커피숍에서 회의를 하면 합법이다. 이런 문제들이 정당 활동을 위축시키고 지역에서 일하는 정치인들을 힘들게 한다."(국민의힘 당협위원장)

운영비의 경우 당에서 일부 지원하는 경우도 있지만 그 비중이 크지 않고, 그마저도 받지 못하는 지역도 있어서 사실상 운영비를 위원장이 부담하게 되는데, 현직 의원이 아닌 경우 운영비를 마련하는 것이 쉽지 않다. 물론 사무소를 둘 수 없어 사무실 운영비나 인건비가 들지 않는데, 운영비가 필요하겠는가라는 의문도 들겠지만 유권자를 만나서 의견을 청취하고, 각종 행사나 교육을 기획하고 진행하는 과정에 경비가 소요되는 것이 현실이다.

"지역위원회 운영비는 지역마다 다르다. 수도권은 1,000만 원 정도 쓴다고 하는데, 우리 지역은 400만 원 정도 쓴다. ○○ 희망포럼, ○○ 지역포럼 등 연구소나 포럼을 만들어서 사무실을 운영하는데, 사무실을 두면 고정적으로 월세가 들고 인건비도 드는데 그 비용이 만만치 않다. 저는 포럼을 해보기도 했는데, 별로 실익이 없어서 지금은 안 하고 있다. 그 외에 법으로는 경조사비를 낼 수 없도록 되어 있지만, 실제로는 경조사비도 들어간다. 지역에서 경조사비를 안 내면 정치하기 힘들다. 뒤에서 욕한다. 그러니 다른 사람 이름으로라도 경조사를 챙긴다. 지역에서 위원장 하면서 돈

안 쓰기는 현실적으로 어렵다. 그래서 명망가나 돈 있는 사람이 정치하는 구조가 된다. 현역의원이거나 돈 있는 사람이 아니면 길게 정치하기 어렵다."(더불어민주당 지역위원장)

최근 문제가 되었던 현수막의 경우만 보더라도 중앙당 차원에서 일괄적으로 지역에서 현수막을 설치하도록 하고, 일부에서는 지역구에 게재할 현수막의 수량까지도 지정하는 상황에서 그 비용만도 수백만 원이 든다고 한다. 또한 연구소나 포럼 등의 명목으로 사무소를 운영할 경우 사무실 운영비도 만만치 않다.

"정당 현수막의 경우 중앙당에서 '현안 대응'이라는 명목으로 지역에 담당 수량만큼 게재하도록 지시가 내려온다. 이 경우 별도의 경비 지원은 되지 않기 때문에 당협위원장이 사비를 사용하게 되는데, 현행법상 당원협의회에서 회계처리를 할 수 없기 때문에 특별당비의 명목으로 시·도당에 돈을 내면 시·도당에서 현수막 인쇄비 등으로 다시 지역에 돌려주는 상황이다."(국민의힘 관계자)

지구당 부활 논의

2004년 정당법 개정을 통해 지구당이 폐지된 이후 현장에서 지구당의 부재로 인한 문제들이 불거졌다. 우선은 지역에서의 여론수렴이나 민원처리 등 정당과 유권자가 소통할 수 있는 창구가 없어지면서 지구당 혹은 그 대안의 필요성이 제기되었다. 정당 입장에서도 당원관리나 교육 등 당원 대상의 업무를 시·도당에서 처리하기에 한계를 보이면서 지구당 부활 논의가 지속적으로 이루어지고 있다.

이러한 필요성에서 2005년 당원협의회를 설치할 수 있도록 법률을 개정했지만 사무소를 설치할 수 없도록 제한했다. 하지만 지역에서 유권자나 당원과 소통하고 교류하기 위해서는 최소한의 장소와 인력이 필요한데, 이를 법률로 금지하면서 연구소나 포럼 등의 간판을 걸고 실제로는 당원협의회나 지역위원회 사무실로 운영하는 사례들이 많아 위법을 저지르도록 부추긴다고 볼 여지도 있다.

한편 지역에 후원회 사무실을 둘 수 있는 국회의원들은 지구당의 부재가 크게 문제가 안 될 수도 있다. 오히려 경쟁자가 될 수 있는 상대 정당의 당협위원장이나 지역위원장의 권한이 축소되면서 선거에서 유리한 지위를 차지하는 측면도 있다. 반면 원외 당협위원장, 특히 인지도가 낮은 정치 신인들은 공식적인 정당 조직을 갖출 수 없도록 제도적으로 제한하고 있어서 현역 국회의원과 비현역 당협 위원장 사이의 형평성 문제도 제기되고 있다.

무엇보다 법률로 지구당을 금지하는 사례는 세계적으로 찾아보기 어렵다. 선거구 혹은 구나 군 단위의 행정구역에 설치되는 지구당은 정당이 지역주민들과 소통하고 선거를 준비하고 관리하는 조직이다. 정당의 규모와 무관하게 이러한 지역조직은 정당의 출발점이 된다. 정당정치가 발달한 많은 국가들에서 정당 조직이나 구성은 정당이 자율적으로 결정하도록 하고 있으며, 정당법을 가지고 있는 독일도 "정당은 지구당으로 구성된다"라고 법률로 규정하고 있다. 사실상 지역 수준에서의 정당 조직을 법률로 제한하는 사례는 한국이 유일하다.

당원협의회 사무소 설치 허용

이처럼 지구당의 부재, 그리고 당원협의에 사무소를 설치할 수 없도록 한 현행 정당법의 한계를 보완하기 위해 정당법을 개정하려는 논의는 크게 두 가지 방향에서 이루어지고 있다.

하나는 현행 당원협의회를 유지하고, 단지 사무소를 설치할 수 있도록 허용하는 것이다. 정당법의 조항, "정당은 국회의원지역구 및 자치구·시·군, 읍·면·동별로 당원협의회를 둘 수 있다. 다만, 누구든지 시·도당 하부조직의 운영을 위하여 당원협의회 등의 사무소를 둘 수 없다"(제37조 제3항)에서 두 번째 문장만 삭제하면 되기 때문에 개정도 간단하다.

물론 사무소를 둘 수 있도록 하면 회계의 투명성 문제가 불거질 수 있기 때문에 사무소의 수입과 지출 등 회계상황을 보고하도록 하는 내용도 보완되어야 할 것이다. 당원협의회를 유지하자는 입장은 지구당이 폐지된 이유가 고비용 저효율 구조 때문인데, 지금의 당원협의회 운영 실태를 보면 지구당이 부활될 경우 과거의 문제들이 다시 나타날 가능성이 높다고 본다. 또한 지구당 위원장에게 권한이 집중되는 등 비민주적인 운영 방식을 개선하는 데에는 현행 당원협의회 제도가 오히려 낫다고 보는 것이다.

당원협의회를 유지하자는 입장은 주로 당직자들에게서 보이는데, 시·도당과 당원협의회로 운영되는 현재의 정당구조가 자리를 잡았으며, 시·도당에서 당원협의회의 활동을 지원하고 당원협의회는 지역구 당원과 유권자를 관리하는 시스템이 회계의 투명성이나 관리 측면에서 바람직하다고 본다. 다만 당협위원장이 필요에 의해 개인 사무실을 운영하면서 이를 당협 사무실로 활용하는 사례들이 많으니 법률 개정을 통해 사무소 설치를 허용하면 편법이나 위법사항도 줄어들 것이라고 본다.

"당협위원장이 개인사무실이나 연구포럼, 지방의원 합동사무실 등의 형태로 사무실을 유지하면서 이 사무실을 당협 사무실로 이용하는 경우들이 있다. 시의원들이 돈을 모아 합동 사무실을 내고 당협위원장이 그 사무실을 이용할 수 있도록 하는 사례들도 보인다. 모두 편법이다. 이처럼 실제로 편법으로 운영되는 경우가 많으니 차라리 사무소 설치를 금지하고 있는 정당법 조항을 삭제하는 것이 낫다."(국민의힘 관계자)

다만 사무소를 설치하면 결국 과거처럼 돈 드는 정치가 될 수도 있으니 운영의 투명성 문제를 해결하기 위한 장치가 필요하다. 일단은 운영비를 어떻게 마련할 것이냐의 문제가 있다. 일부에서는 후원회를 둘 수 있도록 하면 검은 돈의 유혹으로부터 자유로울 수 있다고 주장한다. 과거 지구당이 있던 시절, 지구당에는 후원회를 둘 수 없었기 때문에 지구당 위원장이 운영비를 전적으로 책임질 수밖에 없었고, 그 과정에서 정경유착이나 비리의 소지가 있었다. 당원협의회도 운영비 마련을 위한 준비작업 없이 사무소를 허용하면 같은 문제가 되풀이될 수 있다.

“당원협의회에 사무소를 허용하면 결국 과거처럼 돈 드는 정치가 될 수밖에 없다. 운영자금 마련을 위해 검은돈을 받거나 부패의 고리에 빠질 수 있다. 과거 지구당 시절 사무실 유지비용이나 지역구 경조사 비용 등으로 많은 돈이 필요했는데, 후원회를 둘 수 없었기 때문에 위원장들이 이권에 개입하는 등 부정한 거래가 이루어졌다. 일부에서는 당비로 보조하면 된다고 하지만, 당비는 당원 연수나 현수막 게재 등으로 대부분 사용되기 때문에 당비만으로 운영비를 충당하는 것은 사실상 불가능하다.”(국민의힘 관계자)

한편에서는 지구당 부활이 어려울 것 같으니 현실적으로 당원협의회에 사무소 설치만이라도 허용했으면 좋겠다는 의견도 있다.

“지구당 부활까지는 아니더라도 사무소는 허용해줬으면 좋겠다. 필요하면 사무소를 두고, 필요하지 않거나 어려우면 사무소를 두지 않을수도 있게… 자율에 맡기는 것이 좋겠다. 우리 지역의 경우 지구당을 부활시키면 지역위원장에게 오히려 부담이 될 수도 있다. 지금처럼 법률로 일괄적으로 못하도록 금지하는 것은 바람직하지 않다.”(더불어민주당 지역위원장)

지구당 부활

현행 당원협의회 제도를 개선하기 위한 또 다른 대안은 폐지되었던 지구당을 부활시키는 것이다. 이러한 입장에서는 지구당은 정당의 기본 단위이며, 법률로 지구당 설치를 금지하는 것 자체가 문제라고 본다. 해외 사례를 보더라도 지역 단위에서의 정당 조직을 법으로 금지하는 사례를 찾기 어렵다. 또한 당원협의회에 사무소 설치를 허용할 경우 사실상 지구당과 차별성이 없다고 볼 수 있으니 그보다는 지구당을 부활시켜 정당의 지역조직을 활성화하는 것이 대안이라는 것이다.

"공식 조직으로서의 지구당이 필요하다. 사실 지역에서의 활동을 위해서는 공조직으로서의 지구당이 필요하고, 실제로 당원협의회나 지역위원회가 공적인 역할을 하고 있는데, 현행 제도는 공적 조직을 사조직처럼 보고 있다. 예를 들어 민주당은 중앙 단위에서뿐 아니라 시·도나 지역 단위에서도 당정협의회를 운영하고 있는데 시·도지사나 구청장의 당정협의 담당자는 국회의원이 아니라 시·도당 위원장이나 지역위원장이다.

당정협의는 국민들과 지역주민들의 다양한 민원을 해결하고 현안을 다루기 위해 운영되며, 당 차원에서는 지역의 민원을 수렴하고, 이를 정당 차원에서 해결하기 위한 통로다. 이처럼 지역위원회는 정당 차원에서 민의 수렴과 정당의 정책 마련을 위한 통로인데,

공식 조직으로 인정되지 않는 것은 부적절하다."(더불어민주당 관계자)

"지구당 부활은 필요하다. 특히 험지는 사무실과 유급 사무직원이 없으면 활동의 제약이 크다. 지금 우리 지역위원회에서 나랑 같이 일하는 사람들, 사무국장 같은 경우 모두 무보수 봉사직이다. 이것은 미래를 저당잡히는 행위다. 그들은 미래에 대한 꿈이 있어서 하는 것이다. 하지만 무보수여서 생계를 위해 다른 일을 해야 하기 때문에 정말 같이 일할 사람을 찾기가 어렵다. 지역에서 사람을 키운다는 점에서 정치에 관심 있는 사람들이 최소한의 생활은 보장받으면서 일할 수 있게 해줘야 한다. 언제까지 무보수로 일하라고 할 것인가? 지구당을 부활시키고, 후원회를 허용해서 소위 험지에서도 정당 활동을 할 수 있게 해줘야 한다."(더불어민주당 지역위원장)

지구당의 필요성에 대해서는 인정하면서도 운영비 마련 등을 우려해서 지구당 부활에 소극적인 경우도 있다. 지구당이 부활되면 당원관리를 지구당에서 담당하기 때문에 소속 지역구에서 걷힌 당비는 상당 부분 지구당 운영비로 사용할 수 있을 것이다. 과거 지구당이 폐지되던 시기에 비하면 당비를 내는 당원의 수가 크게 증가했기 때문에 당비를 통해 운영비의 일정 부분은 조달할 수 있다. 하지만 당세가 약한 지역, 예를 들면 호남의 국민의힘이나 영남 지역의 더불어민주당 같은 경우 당원 수가 적어 당비만으로 운영비를 충당하기는 어렵다. 과거와 같이 운영비 마련을 위한 부정적인 결탁을 막기 위해서는 지구당 부활과 후원회 허용이 함께 진행되어야 한다.

"험지에서 정치활동하는 사람들에게 후원금은 최소한의 비용을 마련할 수 있는 통로다. 검은돈을 받지 않고 지역에서 정치할 수 있도록 해준다. 국회의원은 후원금을 받을 수 있지만, 의원이 아닌 지역위원장은 정말 한 푼이 아쉬운데 후원금도 받을 수 없다. 지구당을 부활시키고 후원금을 받을 수 있게 해야 오히려 불법이나 비리가 줄어든다. 후원금은 지역에서 검은돈의 유혹을 떨치고 정치할 수 있는 최소한의 버팀목이다. 후원회 허용하면 각종 비리나 기업후원 등이 들어올 것이라고 하지만 그렇지 않다. 오히려 소액 후원금이 늘어날 것이다. 후원금은 단순한 돈이 아니라 나에 대한 지지를 보여주는 것이고, 이것이 힘이 된다."(더불어민주당 지역위원장)

"후원회를 허용하면 불법적인 정치자금의 통로가 될 것이라고 우려해서 반대하는 목소리도 있지만, 시·도당과 선거관리위원회에서 이중으로 감사하면 회계의 투명성을 확보할 수 있다. 정당과 선관위에서 감사를 두 번 받으면 투명하게 운영될 수밖에 없다."(더불어민주당 지역위원장)

종합적 평가와 향후 과제

지구당의 폐지는 정당 운영의 투명성과 효율성 강화라는 측면에서 추진되었으나 지역에서의 정당 활동 위축이라는 의도하지 않은 결과를 초래했다. 이를 해결하기 위한 방안으로 국회의원선거구 혹은 구·시·군 단위로 당원협의회 혹은 지역위원회를 두어 지역에서 당원과 유권자들을 대상으로 정당 활동을 하고 있다. 하지만 당원협의회나 지역위원회는 사무소를 둘 수 없도록 법률로 금지하고 있어서 활동에 한계가 있다. 지구당 폐지 이후 지역에서의 정당 활동은 다음과 같이 정리할 수 있다.

첫째, 당원관리나 교육 등 과거 지구당에서 수행하던 기능은 시·도당으로 이관되었다. 하지만 시·도당의 제한된 인력으로 체계적인 관리나 교육은 어렵기 때문에 당원과 직접 교류하고 민원을 처리하며, 입당원서를 받는 등 시·도당이 해야 할 업무의 상당 부분을 당원협의회에서 맡고 있다. 이처럼 시·도당과 당원협의회로 이중화된 기능은 업무 효율성을 떨어뜨릴 뿐 아니라 지역에서의 정당 활동을 어렵게 만든다. 실제로는 당원협의회에서 당원관리나 교육을 담당하고 있음에도 제도적으로 권한은 모두 시·도당에게 주어져 있어서 지역에서 일하기가 어렵다.

이러한 문제를 해결하기 위해서는 당원협의회에서 당원관리나 교육을 주체적으로 실시할 수 있도록 제도적 개선이 필요하다. 일차적으로는 당원명부를 통한 당원관리가 가능하도록 해야 할 것이다. 현행 제도에서는 당원명부 관리의 주체가 중앙당과 시·도당으로 되어 있는데, 실제 당원관리의 많은 부분이 지역의 당원협의회나 지역위원회에서 이루어지고 있으므로 당원협의회에서 당원명부를 관리할 수 있도록 제도 보완이 필요하다. 또한 당원협의회에서 주체적으로 당원교육을 실시할 수 있는 권한과 공간을 허용하는 방안을 검토해야 할 것이다.

둘째, 당원협의회에서 지역의 여론을 수렴하고 민원을 처리하는 등 지역주민과 정당의 매개 역할을 하고 있지만 사무소를 둘 수 없어서 활동이 제한된다. 당원협의회는 사무소를 갖춘 상설기구가 아니므로 지역 언론이나 이익집단, 시민단체 등과 지속적인 연계를 유지하기 어렵고, 지역주민들과의 소통이나 민원 수렴에도 한계가 있다. 주민들 또한 당원협의회보다는 시의원이나 구의원을 통해 민원을 해결하는 사례도 늘고 있다. 일부 지역에서는 편법으로 사무실을 운영하는 등 법률이 탈법행위를 부추기는 측면도 있다.

당원협의회 활동을 함에 있어 가장 큰 문제로 지적되는 것이 사무소를 둘 수 없다는 점이다. 정당 관계자들뿐 아니라 선거관리위원회나 학계에서도 사무소의 필요성은 모두 동의하는 부분이다. 지구당 부활까지는 어렵다고 하더라도 최소한 당원협의회에 사무소 설치를 금지하는 정당법 조항을 삭제함으로써 사무실과 유급 사무직원을 둘 수 있도록 해야 한다.

물론 사무소 설치를 허용할 경우 운영비 부담이 늘어날 수 있고, 운영비 마련을 위한 불법행위나 비리가 발생할 가능성은 있다. 하지만 이미 상당수 당협위원장이나 지역위원장들이 편법으로 사무소를 운영하고 있다는 점을 감안하면 음성적으로 운영되는 것들을 양성화시키는 것이 나을 것이다. 운영비의 투명한 집행을 위한 회계처리와 감사제도를 함께 도입한다면 운영비와 관련된 우려를 덜 수 있을 것이다. 또한 과거 지구당과 같은 고비용 구조가 되풀이되는 것을 피하기 위해 당비를 사무소 운영비용으로 사용할 수 있도록 하고, 후원회를 허용하는 방안 등을 검토할 필요가 있다.

셋째, 당원협의회나 지역위원회의 활동은 지역별로 차이를 보이고 있으며, 당세가 약한 지역에서는 활동이 더욱 어렵다. 과거 지구당이 있던 시기에는 공식적인 정당 조직이었기 때문에 당세가 약한 지역에서도 사무소를 두고, 지역주민과 정당을 연결하는 역할을 할 수 있었다. 하지만 당원협의회나 지역위원회는 사무소를 설치할 수 없어서 당세가 약한 지역에서는 시·도당이 정당과 지역 주민을 연결하는 창구 역할을 하고 있다.

이러한 문제를 해결하기 위해서는 정당의 지역조직을 강화할 필요가 있다. 제21대 국회에서는 폐지되었던 지구당을 부활시키는 방안이 구체적으로 논의되었다. 지구당이라는 명칭이 갖는 부정적인 이미지 때문에 지역당이나 당지부라는 명칭을 사용하자는 주장도 있지만, 그 내용은 지구당의 부활이다. 한국정치학회도 2016년 지구당 부활을 내용으로 하는 입법청원을 제출한 바 있으며, 중앙선거관리위원회도 구·시·군 단위로 정당의 지역조직인 구·시·군당을 설치하도록 제안했다.

이처럼 국회나 학계에서 지구당 부활에 대해 긍정적인 입장을 보이는 것은 지구당 폐지가 정당의 고비용 구조를 해소하는 데 도움이 되었을지는 모르지만, 지역에서의 정당 활동을 위축시키고 사무소 설치를 둘러싸고 편법행위를 조장하며, 현역의원들과 정치신인들 간의 기회의 불균형을 초래한다는 이유에서다. 특히 주요 정당의 당원협의회나 지역위원회는 국회의원선거구별로 설치되어 지역구 활동을 하고 있는데, 지역의 후원회 사무실을 활용할 수 있는 국회의원에 비해 원외 당협위원장들은 지역주민들과의 소통이나 홍보도 어렵고, 공식적인 선거운동 기간 외에는 스스로의 존재를 알리기도 쉽지 않다

넷째, 사무소 설치가 금지되면서 당원이나 지역주민들과의 소통을 위해 온라인이나 모바일 등을 통한 소통과 여론 수렴 활동이 늘

었다. 온라인이나 모바일은 사무소가 없이도 얼마든지 소통이 가능하다. 다만 직접 대면이 어렵다는 점, 온라인에서의 활동이 오프라인 활동으로 이어지지 않을 수도 있다는 점 등의 한계가 있으며, 일부 지역에서는 단톡방에서 위원장에 대한 험담이나 상호비방이 발생하는 등 부작용도 나타난다.

하지만 최근 당원 수의 증가는 상당 부분 온라인을 통해 이루어지고 있으며, 젊은 당원들에게 온라인 소통이 편하게 다가올 수 있다는 점 등을 고려하면 앞으로도 온라인을 통한 소통이나 여론 수렴은 더욱 확대될 것으로 보인다. 온라인은 당원관리와 소통, 교육 문제를 해결하기 위한 대안이 될 수 있다. 이미 다수의 당협위원장이나 지역위원장은 지역 현안과 여론 수렴, 교육 내용 공지 등을 위해 모바일이나 인터넷을 활용하고 있다. 이러한 기능을 확대한다면 사무소 설치가 금지되어 오프라인에서의 활동이 제한된 당원협의회의 활동 반경을 넓히는 데 도움이 될 것이다.

참고문헌

국내 문헌

강신구. 2012. "어떤 민주주의인가?: 제도와 가치체계의 조응을 통해 바라본 한국 민주주의의 발전방향 모색." 『한국정당학회보』 11(3).

강원택. 2009. "한국 정당연구에 대한 비판적 검토: 정당 조직 유형을 중심으로." 『한국정당학회보』 8(2).

김용호. 2001. 『한국정당정치의 이해』. 서울: 나남.

_____. 2005. "최근 한국 정당의 개혁조치에 대한 평가." 『한국정당학회보』 7(1).

김용호 외. 2008. 「당원협의회 실태조사와 제도개선 방안」. 중앙선거관리위원회 연구용역결과보고서.

문우진. 2011. "다당제에서의 당파표결과 정당충성도: 17대 및 18대 전반국회 분석." 『의정연구』 17(2): 5-40.

______. 2021. 『누가 누구를 대표할 것인가: 국민주권 실현을 위한 정치제도 설계』 서울: 후마니타스.

박명호. 2004. "개정 정당법의 검토: 지구당과 당내경선제의 보완을 중심으로." 『헌법학연구』 10(2).

박병석. 1998. "정당개혁의 방향과 과제." 중앙선거관리위원회 편. 『저비용 고효율의 지구당 운영방안』.

박찬표. 2003. "한국 정당민주화론의 반성적 성찰: 정당민주화인가 탈정당인가" 『사회과학연구』 11.

범국민정치개혁협의회. 2003. 「범국민정치개혁협의회 활동경과보고서」.

서복경. 2023. "2023 한국민주주의, 정당개혁." 국회입법조사처 간담회 발표자료.

선거연수원, 「각국의 정당 · 정치자금제도 비교연구」, 2021.11.

안영배. 1993. “민주당 파워의 실체, 지구당 조직력의 현주소.” 월간 『말』. 8월호.
안철현. 2015. “지구당 부활 논쟁의 재검토.” 『한국지방자치연구』 16(4).
오승용. 2005. “정치관계법 개혁의 성격과 내용.” 『21세기정치학회보』 15(1).
이정진. 2010. “지구당 폐지를 둘러싼 담론구조와 법 개정 논의.” 『한국정치외교사논총』 31(2).
______. 2023. 「당원협의회 운영실태와 개선과제」. NARS 현장실태조사보고서 제9호.
이현출. 2005. “정당개혁과 지구당 폐지.” 『한국정당학회보』 4(1).
인성호. 2003. “원내정당화와 정치개혁: 의회민주주의 적실성의 회복을 위한 소고.” 『의정연구』 15.
정윤재. 2002. “봉건적 먹이사슬 구조를 깰 수 없다면: 민주당 현직 지구당 위원장의 심경고백.” 월간 『말』. 10월호.
정진민. 2003. “정당개혁의 방향: 정당구조의 변화를 중심으로.” 『한국정당학회보』 2(2).
______. 2005. “지구당 폐지 이후의 새로운 정당구조와 당원중심 정당운영의 범위.” 『의정연구』 11(1).
______. 2008. “정당정치의 제도화와 한국 정당의 과제.” 『한국정치연구』 17(2).
중앙선거관리위원회. 2003. 『외국 정당 · 정치자금제도 자료집』.
________________. 2016. 「정치관계법 개정의견」.
________________. 2021. 「정치관계법 개정의견」.
________________. 2022. 『2021년도 정당의 활동 개황』.
________________. 2023. 『2022년도 정당의 활동 개황』.
지우효 · 전성욱. 2016. “지구당 폐지 전후 한국정당의 변화 및 발전방안 연구.” 『인문사회과학연구』 51.
최창렬. 2003. “정당과 정치개혁.” 『경기논단』 겨울호.
하네스 모슬러. 2013. 『사라진 지구당, 공전하는 정당개혁』. 서울: 인간사랑.
한국정치학회. 2019. 「생활정치 활성화와 정당 민주주의 실현을 위한 정당제도 개선안: 당원협의회를 중심으로」. 선거연수원 연구용역결과보고서.

외국 문헌

Duverger, Maurice. 1959. *Political Parties*. New York: Wiley.
Easton, David. 1965. *A Framework for Political Analysis*. Englewood Cliffs, NJ:

Prentice-Hall, Inc.
Lijphart, Arend. 1994. *Electoral Systems and Party Systems: A Study of Twenty-Seven Democracies, 1945–1990*. Oxford: Oxford University Press.
_______. 1999. *Patterns of Democracy: Government Forms and Performance in Thirty Six Countries*. New Haven: Yale University Press.
Lipset, Seymour M. 1997. *American Exceptionalism: A Double-Edged Sword*. New York: W. W. Norton & Company.
Mair, Peter. 1994. "Party Organizations: From Civil Society to the State." Katz and Mair(eds.). *How Parties Organize: Change and Adaptation in Party Organization in Western Democracies*. London: Sage Publications.
Neumann, S. 1956. "Toward a Comparative Study of Political Parties." in Neumann(ed.). *Modern Political Parties: Approaches to Comparative Politics*. Chicago: The University of Chicago Press.
Powell, G. B. Jr. 2000. *Elections as Instruments of Democracy*. New Haven: Yale University Press.
Rae, Douglas W. 1976. *The Political Consequences of Electoral Laws*. New Haven: Yale University Press.
Stokes, Donald E. 1963. "Spatial Models of Party Competition." *American Political Science Review* 57(2): 368–77.
Strøm, Kaare. 2000. "Delegation and Accountability in Parliamentary Democracies." *European Journal of Political Research* 37(3): 261-89.
Tsebelis, George. 2002. *Veto Players: How Political Institutions Work*. New York and Princeton: Russell Sage Foundation and Princeton University Press.
Conservative Party. 2021. *Constitution of the Conservative Party*,(Amended January 2021).
Democratic Party. 2012. *The Charter & the Bylaws of the Democratic Party of the United States*.
Labour Party. 2022. *Rule Book 2022*.

정당법

[시행 2024. 1. 2] [법률 제19922호, 2024. 1. 2, 일부개정]

제1장 총칙

제1조(목적)

이 법은 정당이 국민의 정치적 의사형성에 참여하는 데 필요한 조직을 확보하고 정당의 민주적인 조직과 활동을 보장함으로써 민주정치의 건전한 발전에 기여함을 목적으로 한다.

제2조(정의)

이 법에서 "정당"이라 함은 국민의 이익을 위하여 책임 있는 정치적 주장이나 정책을 추진하고 공직선거의 후보자를 추천 또는 지지함으로써 국민의 정치적 의사형성에 참여함을 목적으로 하는 국민의 자발적 조직을 말한다.

제3조(구성)

정당은 수도에 소재하는 중앙당과 특별시·광역시·도에 각각 소재하는 시·도당(이하 "시·도당"이라 한다)으로 구성한다.

제2장 정당의 성립

제4조(성립)

① 정당은 중앙당이 중앙선거관리위원회에 등록함으로써 성립한다.

② 제1항의 등록에는 제17조(법정시·도당수) 및 제18조(시·도당의 법정당원 수)의 요건을 구비하여야 한다.

제5조(창당준비위원회)

정당의 창당활동은 발기인으로 구성하는 창당준비위원회가 이를 한다.

제6조(발기인)

창당준비위원회는 중앙당의 경우에는 200명 이상의, 시·도당의 경우에는 100명 이상의 발기인으로 구성한다.

제7조(신고)

① 중앙당창당준비위원회를 결성한 때에는 그 대표자는 중앙선거관리위원회에 다음 각 호의 사항을 신고하여야 한다.

1. 발기의 취지
2. 정당의 명칭(가칭)
3. 사무소의 소재지
4. 발기인과 그 대표자의 성명·주소
5. 회인(會印) 및 그 대표자 직인의 인영
6. 중앙선거관리위원회규칙으로 정하는 사항

② 중앙당창당준비위원회는 제1항의 신고를 함으로써 그 활동을 개시할 수 있다.

③ 제1항이 신고를 하는 때에는 발기인이 시명·날인한 동의서를 첨부하여야 한다.

④ 제1항의 신고사항 중 제1호 내지 제5호(제4호 중 발기인의 성명·주소

를 제외한다)에 규정된 사항에 변경이 생긴 때에는 중앙당창당준비위원회의 대표자는 14일 이내에 중앙선거관리위원회에 변경신고를 하여야 한다.

제8조(창당준비위원회의 활동범위)

① 창당준비위원회는 창당의 목적범위 안에서만 활동을 할 수 있다.

② 중앙당창당준비위원회는 제7조(신고)제1항의 규정에 의한 결성신고일부터 6월 이내에 한하여 창당활동을 할 수 있다.

③ 중앙당창당준비위원회가 제2항의 기간 이내에 제11조(등록신청)의 규정에 의한 중앙당의 창당등록신청을 하지 아니한 때에는 그 기간만료일의 다음 날에 그 창당준비위원회는 소멸된 것으로 본다.

④ 중앙당창당준비위원회가 소멸된 때에는 중앙선거관리위원회는 지체없이 그 뜻을 공고하여야 한다.

제9조(시·도당의 창당승인)

시·도당의 창당에는 중앙당 또는 그 창당준비위원회의 승인이 있어야 한다.

제10조(창당집회의 공개)

① 정당의 창당집회는 공개하여야 한다.

② 중앙당창당준비위원회는 창당집회의 공개를 위하여 집회개최일 전 5일까지 「신문 등의 진흥에 관한 법률」 제2조(정의)에 따른 일간신문에 집회개최공고를 하여야 한다.

제11조(등록신청)

창당준비위원회가 창당준비를 완료한 때에는 그 대표자는 관할 선거관리위원회에 정당의 등록을 신청하여야 한다.

제12조(중앙당의 등록신청사항)

① 중앙당의 등록신청사항은 다음 각 호와 같다.

1. 정당의 명칭(약칭을 정한 때에는 약칭을 포함한다)

2. 사무소의 소재지

3. 강령(또는 기본정책)과 당헌

4. 대표자·간부의 성명·주소

5. 당원의 수

6. 당인(黨印) 및 그 대표자 직인의 인영

7. 시·도당의 소재지와 명칭

8. 시·도당의 대표자의 성명·주소

② 제1항의 등록신청에는 대표자 및 간부의 취임동의서와 제10조(창당집회의 공개)제2항의 규정에 의한 신문공고에 관한 증빙자료 및 창당대회 회의록 사본을 첨부하여야 한다.

③ 제1항제4호의 간부의 범위는 중앙선거관리위원회규칙으로 정한다.

제13조(시·도당의 등록신청사항)

① 시·도당의 등록신청사항은 다음 각 호와 같다.

1. 정당의 명칭

2. 사무소의 소재지

3. 대표자·간부의 성명·주소

4. 당원의 수

5. 당인(黨印) 및 그 대표자 직인의 인영

② 제1항의 등록신청에는 대표자 및 간부의 취임동의서, 중앙당 또는 그 창당준비위원회의 창당승인서, 법정당원 수에 해당하는 수의 당원의 입당원서 사본(18세 미만인 당원의 경우 법정대리인의 동의서 사본을 포함한다) 및 창당대회 회의록 사본을 첨부하여야 한다.

③ 제1항제3호의 간부의 범위는 중앙선거관리위원회규칙으로 정한다.

제14조(변경등록)

제12조(중앙당의 등록신청사항) 및 제13조(시·도당의 등록신청사항)의 등록신청사항 중 다음 각 호의 어느 하나에 변경이 생긴 때에는 14일 이내

에 관할 선거관리위원회에 변경등록을 신청하여야 한다.

1. 정당의 명칭(약칭을 포함한다)
2. 사무소(중앙당의 경우 당해 사무소에 한한다)의 소재지
3. 강령(또는 기본정책)과 당헌
4. 대표자·간부의 성명·주소
5. 당인(黨印) 및 그 대표자 직인의 인영

제15조(등록신청의 심사)

등록신청을 받은 관할 선거관리위원회는 형식적 요건을 구비하는 한 이를 거부하지 못한다. 다만, 형식적 요건을 구비하지 못한 때에는 상당한 기간을 정하여 그 보완을 명하고, 2회 이상 보완을 명하여도 응하지 아니할 때에는 그 신청을 각하할 수 있다.

제16조(등록·등록증의 교부 및 공고)

① 제12조(중앙당의 등록신청사항) 내지 제14조(변경등록)의 규정에 의한 등록신청을 받은 관할 선거관리위원회는 등록신청을 접수한 날부터 7일 이내에 등록을 수리하고 등록증을 교부하여야 한다.

② 제1항의 등록을 수리한 때에는 당해 선거관리위원회는 지체 없이 그 뜻을 공고하여야 한다.

제17조(법정시·도당수)

정당은 5 이상의 시·도당을 가져야 한다.

제18조(시·도당의 법정당원 수)

① 시·도당은 1천인 이상의 당원을 가져야 한다.

② 제1항의 규정에 의한 법정당원 수에 해당하는 수의 당원은 당해 시·도당의 관할구역 안에 주소를 두어야 한다.

제3장 정당의 합당

제19조(합당)

① 정당이 새로운 당명으로 합당(이하 "신설합당"이라 한다)하거나 다른 정당에 합당(이하 "흡수합당"이라 한다)될 때에는 합당을 하는 정당들의 대의기관이나 그 수임기관의 합동회의의 결의로써 합당할 수 있다.

② 정당의 합당은 제20조(합당된 경우의 등록신청)제1항·제2항 및 제4항의 규정에 의하여 중앙선거관리위원회에 등록 또는 신고함으로써 성립한다. 다만, 정당이 「공직선거법」 제2조(적용범위)의 규정에 의한 선거(이하 "공직선거"라 한다)의 후보자등록신청개시일부터 선거일까지의 사이에 합당된 때에는 선거일 후 20일에 그 효력이 발생한다.

③ 제1항 및 제2항의 규정에 의하여 정당의 합당이 성립한 경우에는 그 소속 시·도당도 합당한 것으로 본다. 다만, 신설합당인 경우에는 합당등록신청일부터 3월 이내에 시·도당 개편대회를 거쳐 변경등록신청을 하여야 한다.

④ 신설합당된 정당이 제3항 단서의 규정에 의한 기간 이내에 변경등록신청을 하지 아니한 경우에는 그 기간만료일의 다음 날에 당해 시·도당은 소멸된 것으로 본다.

⑤ 합당으로 신설 또는 존속하는 정당은 합당 전 정당의 권리·의무를 승계한다.

제20조(합당된 경우의 등록신청)

① 신설합당의 경우 정당의 대표자는 제19조(합당)제1항의 규정에 의한 합동회의의 결의가 있은 날부터 14일 이내에 그 회의록 사본을 첨부하여 중앙선거관리위원회에 제12조(중앙당의 등록신청사항)의 규정에 의한 등록신청을 하여야 한다.

② 제1항의 경우에 제12조제1항제7호 및 제8호의 사항은 등록신청일부터 120일 이내에 보완할 수 있다.

③ 제2항의 경우에 있어 그 기간 이내에 보완이 없는 때에는 중앙선거관리위원회는 2회 이상 상당한 기간을 두어 보완을 명하고, 보완이 없는 때에는 제44조(등록의 취소)제1항의 규정에 의하여 그 등록을 취소할 수 있다.

④ 흡수합당으로 존속하는 정당의 대표자는 제19조제1항의 규정에 의한 합동회의의 결의가 있은 날부터 14일 이내에 그 회의록 사본을 첨부하여 합당된 사유를 중앙선거관리위원회에 신고하여야 한다.

제21조(합당된 경우의 당원)

제19조(합당)의 규정에 의한 합당의 경우 합당 전 정당의 당원은 합당된 정당의 당원이 된다. 이 경우 합당 전의 입당원서는 합당된 정당의 입당원서로 본다.

제4장 정당의 입당·탈당

제22조(발기인 및 당원의 자격)

① 16세 이상의 국민은 공무원 그 밖에 그 신분을 이유로 정당가입이나 정치활동을 금지하는 다른 법령의 규정에 불구하고 누구든지 정당의 발기인 및 당원이 될 수 있다. 다만, 다음 각 호의 어느 하나에 해당하는 자는 그러하지 아니하다.

1. 「국가공무원법」 제2조(공무원의 구분) 또는 「지방공무원법」 제2조(공무원의 구분)에 규정된 공무원. 다만, 대통령, 국무총리, 국무위원, 국회의원, 지방의회의원, 선거에 의하여 취임하는 지방자치단체의 장, 국회 부의장의 수석비서관·비서관·비서·행정보조요원, 국회 상임위원

회·예산결산특별위원회·윤리특별위원회 위원장의 행정보조요원, 국회의원의 보좌관·비서관·비서, 국회 교섭단체대표의원의 행정비서관, 국회 교섭단체의 정책연구위원·행정보조요원과 「고등교육법」 제14조(교직원의 구분)제1항·제2항에 따른 교원은 제외한다.

2. 「고등교육법」 제14조제1항·제2항에 따른 교원을 제외한 사립학교의 교원
3. 법령의 규정에 의하여 공무원의 신분을 가진 자
4. 「공직선거법」 제18조제1항에 따른 선거권이 없는 사람

② 대한민국 국민이 아닌 자는 당원이 될 수 없다.

제23조(입당)

① 당원이 되고자 하는 자는 다음 각 호의 어느 하나에 해당하는 방법으로 시·도당 또는 그 창당준비위원회에 입당신청을 하여야 한다. 이 경우 18세 미만인 사람이 입당신청을 하는 때에는 법정대리인의 동의서를 함께 제출하여야 한다.

1. 자신이 서명 또는 날인한 입당원서를 제출하는 방법
2. 「전자서명법」 제2조제2호에 따른 전자서명(서명자의 실지명의를 확인할 수 있는 것을 말한다. 이하 같다)이 있는 전자문서로 입당원서를 제출하는 방법
3. 정당의 당헌·당규로 정하는 바에 따라 정보통신망을 이용하는 방법. 이 경우 「정보통신망 이용촉진 및 정보보호 등에 관한 법률」 등 관계 법령에 따라 본인확인을 거쳐야 한다.

② 시·도당 또는 그 창당준비위원회는 제1항의 규정에 의한 입당원서를 접수한 때에는 당원자격 심사기관의 심의를 거쳐 입당허가 여부를 결정하여 당원명부에 등재하고, 시·도당 또는 그 창당준비위원회의 대표자는 당원이 된 자의 요청이 있는 경우 당원증을 발급하여야 한다. 이 경우 입당의 효

력은 입당신청인이 당원명부에 등재된 때에 발생한다.

③ 입당신청인은 시·도당 또는 그 창당준비위원회가 입당원서의 접수를 거부하거나 또는 정당한 사유 없이 입당심의를 지연하거나 입당을 허가하지 아니하는 경우에는 중앙당 또는 그 창당준비위원회에 입당원서를 제출할 수 있으며, 중앙당 또는 그 창당준비위원회는 입당허가 여부를 심사하여 입당을 허가함이 상당하다고 인정하는 때에는 해당 시·도당 또는 그 창당준비위원회에 입당신청인을 당원명부에 등재하도록 명하여야 한다. 이 경우 입당의 효력은 입당원서가 중앙당 또는 그 창당준비위원회에 접수한 때에 발생한다.

④ 당원명부에 등재되지 아니한 자는 당원으로 인정하지 아니한다.

제24조(당원명부)

① 시·도당에는 당원명부를 비치하여야 한다.

② 중앙당은 시·도당의 당원명부에 근거하여 당원명부를 전산조직에 의하여 통합 관리할 수 있다. 이 경우 시·도당의 당원명부와 중앙당이 전산조직에 의하여 관리하는 당원명부가 일치하지 아니한 때에는 당원명부의 효력은 시·도당의 당원명부가 우선한다.

③ 제1항 및 제2항의 명부는 법원이 재판상 요구하는 경우와 관계 선거관리위원회가 당원에 관한 사항을 확인하는 경우를 제외하고는 이의 열람을 강요당하지 아니한다.

④ 범죄수사를 위한 당원명부의 조사에는 법관이 발부하는 영장이 있어야 한다. 이 경우 조사에 관여한 관계 공무원은 당원명부에 관하여 지득한 사실을 누설하지 못한다.

제25조(탈당)

① 당원이 탈당하고자 할 때에는 다음 각 호의 어느 하나에 해당하는 방법으로 소속 시·도당에 탈당신고를 하여야 하며, 소속 시·도당에 탈당신고

를 할 수 없을 때에는 그 중앙당에 탈당신고를 할 수 있다.

1. 자신이 서명 또는 날인한 탈당신고서를 제출하는 방법
2. 「전자서명법」 제2조제2호에 따른 전자서명이 있는 전자문서로 탈당신고서를 제출하는 방법
3. 정당의 당헌·당규로 정하는 바에 따라 정보통신망을 이용하는 방법. 이 경우 「정보통신망 이용촉진 및 정보보호 등에 관한 법률」 등 관계 법령에 따라 본인확인을 거쳐야 한다.

② 제1항의 규정에 의한 탈당의 효력은 탈당신고서가 소속 시·도당 또는 중앙당에 접수된 때에 발생한다.

③ 탈당신고서를 접수한 당해 시·도당은 접수한 날부터 2일 이내에 당원명부의 기재를 말소하고, 탈당증명서를 교부하여야 한다.

④ 제1항의 규정에 의하여 중앙당이 탈당신고서를 접수한 때에는 즉시 탈당증명서를 교부하고, 해당 시·도당에 통보하여 당원명부의 기재를 말소하게 하여야 한다.

제26조(탈당원명부)

시·도당에는 탈당원명부를 비치하여야 한다. 이 경우 탈당원명부는 당원명부에 탈당일자를 기재하는 것으로 갈음할 수 있다.

제27조(당원명부 등의 인계)

정당은 대표자 등의 변경이나 합당에 따른 조직개편 시 당원명부 등 중앙선거관리위원회규칙으로 정하는 관련 서류(이하 "관련 서류"라 한다)와 정당운영에 관련되는 인장 등의 인계의무자를 당헌에 정하여야 하며, 당해 인계의무자는 사유발생일부터 14일 이내에 관련 서류와 인장 등을 인계하여야 한다.

제27조의2(입당원서·탈당신고서의 보관 및 폐기)

① 시·도당은 당원명부·탈당원명부 작성의 기초가 되는 입당원서 또는 탈

당신고서가 접수된 지 5년이 지난 경우에는 중앙선거관리위원회규칙으로 정하는 바에 따라 이를 전자매체 등으로 보관할 수 있다.

② 제1항에 따라 입당원서 또는 탈당신고서를 전자매체 등으로 보관하는 경우에는 중앙선거관리위원회규칙으로 정하는 바에 따라 그 원본을 폐기할 수 있다.

제5장 정당의 운영

제28조(강령 등의 공개 및 당헌의 기재사항)

① 정당은 그 강령(또는 기본정책)과 당헌을 공개하여야 한다.

② 제1항의 당헌에는 다음 각 호의 사항을 규정하여야 한다.

1. 정당의 명칭
2. 정당의 일반적인 조직·구성 및 권한에 관한 사항
3. 대표자·간부의 선임방법·임기·권리 및 의무에 관한 사항
4. 당원의 입당·탈당·제명과 권리 및 의무에 관한 사항
5. 대의기관의 설치 및 소집절차
6. 간부회의의 구성·권한 및 소집절차
7. 당의 재정에 관한 사항
8. 공직선거후보자 선출에 관한 사항
9. 당헌·당규의 제정 및 개정에 관한 사항
10. 정당의 해산 및 합당에 관한 사항
11. 등록취소 또는 자진해산 시의 잔여재산 처분에 관한 사항

③ 중앙선거관리위원회는 제12조(중앙당의 등록신청사항)제1항 및 제14조(변경등록)에 따라 등록신청받은 강령(또는 기본정책)과 당헌을 보존하

고, 이를 인터넷 홈페이지에 공개하여야 한다. 이 경우 해당 정당이 합당 또는 소멸된 때에도 계속하여 공개하여야 한다.

④ 제3항에 따른 강령·당헌의 보존 및 공개 방법, 그 밖에 필요한 사항은 중앙선거관리위원회규칙으로 정한다.

제29조(정당의 기구)

① 정당은 민주적인 내부질서를 유지하기 위하여 당원의 총의를 반영할 수 있는 대의기관 및 집행기관과 소속 국회의원이 있는 경우에는 의원총회를 가져야 한다.

② 중앙당은 정당의 예산과 결산 및 그 내역에 관한 회계검사 등 정당의 재정에 관한 사항을 확인·검사하기 위하여 예산결산위원회를 두어야 한다.

③ 제1항 및 제2항의 기관의 조직·권한 그 밖의 사항에 관하여는 당헌으로 이를 정하여야 한다.

제30조(정당의 유급사무직원수 제한)

① 정당에 둘 수 있는 유급사무직원은 중앙당에는 100명을 초과할 수 없으며, 시·도당에는 총 100인 이내에서 각 시·도당별로 중앙당이 정한다.

② 중앙선거관리위원회는 정당이 제1항에 규정된 유급사무직원수를 초과한 경우에는 다음 연도에 「정치자금법」 제25조제4항에 따라 지급하는 경상보조금에서 당해 정당의 유급사무직원의 연간 평균인건비에 초과한 유급사무직원수를 곱한 금액을 감액한다.

③ 제1항에서 "유급사무직원"이라 함은 상근·비상근을 불문하고 월 15일 이상 정당에 고용되어 근로를 제공하고 임금·봉급·수당·활동비 그 밖에 어떠한 명칭으로든지 그 대가를 제공받는 자를 말한다. 이 경우 월 15일 미만의 근로를 제공하고 그 대가를 받은 사람(청소, 이사 등 일시직으로 단순노무를 제공한 일용근로자나 용역업체 직원 등은 제외한다)이 2명 이상인 때에는 그들의 근로일수를 모두 합하여 월 15일 이상 매 30일까지마다 1명을

유급사무직원수에 산입한다.

④ 제3항에도 불구하고 다음 각 호의 어느 하나에 해당하는 사람은 제1항의 유급사무직원수에 포함하지 아니한다.

1. 제38조에 따른 정책연구소의 연구원
2. 근로에 대한 대가를 제공받음이 없이 직책수행에 소요되는 활동비만을 지급받는 정당의 간부

제31조(당비)

① 정당은 당원의 정예화와 정당의 재정자립을 도모하기 위하여 당비납부제도를 설정·운영하여야 한다.

② 정당의 당원은 같은 정당의 타인의 당비를 부담할 수 없으며, 타인의 당비를 부담한 자와 타인으로 하여금 자신의 당비를 부담하게 한 자는 당비를 낸 것이 확인된 날부터 1년간 당해 정당의 당원자격이 정지된다.

③ 당비납부의무를 이행하지 아니하는 당원에 대한 권리행사의 제한, 제명 및 제2항의 규정에 의한 당원자격의 정지 등에 관하여 필요한 사항은 당헌으로 정한다.

제32조(서면결의의 금지)

① 대의기관의 결의와 소속 국회의원의 제명에 관한 결의는 서면이나 대리인에 의하여 의결할 수 없다.

② 대의기관의 결의는 「전자서명법」 제2조제2호에 따른 전자서명을 통하여도 의결할 수 있으며, 그 구체적인 방법은 당헌으로 정한다.

제33조(정당소속 국회의원의 제명)

정당이 그 소속 국회의원을 제명하기 위해서는 당헌이 정하는 절차를 거치는 외에 그 소속 국회의원 전원의 2분의 1 이상의 찬성이 있어야 한다.

제34조(정당의 재정)

정당의 재산 및 수입·지출 등 재정에 관한 사항은 따로 법률로 정한다.

제35조(정기보고)

① 중앙당과 시·도당은 매년 12월 31일 현재로 그 당원 수 및 활동개황을 다음 연도 2월 15일(시·도당은 1월 31일)까지 관할 선거관리위원회에 보고하여야 한다. 이 경우 중앙당은 당해 연도의 정책추진내용과 그 추진결과 및 다음 연도의 주요정책추진계획을 중앙선거관리위원회에 보고하여야 한다.

② 중앙당과 시·도당은 제17조(법정시·도당수) 및 제18조(시·도당의 법정당원 수)의 요건에 흠결이 생긴 때에는 흠결이 생긴 날부터 14일 이내에 관할 선거관리위원회에 이를 보고하여야 한다.

③ 제38조(정책연구소의 설치·운영)의 규정에 의한 정책연구소는 매년 12월 31일 현재로 연간 활동실적을 다음 연도 2월 15일까지 중앙선거관리위원회에 보고하고, 당해 정당의 인터넷 홈페이지에 게시하는 등의 방법으로 공개하여야 한다.

④ 중앙선거관리위원회는 제3항의 규정에 의하여 보고받은 연간 활동실적을 당해 인터넷 홈페이지 등을 이용하여 공개하여야 한다.

제36조(보고 또는 자료 등의 제출의 요구)

각급 선거관리위원회(읍·면·동선거관리위원회를 제외한다)는 감독상 필요한 때에는 정당에 대하여 보고 또는 장부·서류 그 밖의 자료제출을 요구할 수 있다. 다만, 당원명부는 그러하지 아니하다.

제36조의2(비례대표국회의원선거의 후보자추천)

정당이 「공직선거법」 제47조제1항 및 제2항에 따라 비례대표국회의원선거의 후보자를 추천하는 경우에는 당헌·당규 또는 그 밖의 내부규약 등으로 정하는 바에 따라 민주적 절차를 거쳐 추천할 후보자를 결정한다.

제6장 정당 활동의 보장

제37조(활동의 자유)

① 정당은 헌법과 법률에 의하여 활동의 자유를 가진다.

② 정당이 특정 정당이나 공직선거의 후보자(후보자가 되고자 하는 자를 포함한다)를 지지·추천하거나 반대함이 없이 자당의 정책이나 정치적 현안에 대한 입장을 인쇄물·시설물·광고 등을 이용하여 홍보하는 행위와 당원을 모집하기 위한 활동(호별방문을 제외한다)은 통상적인 정당 활동으로 보장되어야 한다.

③ 정당은 국회의원지역구 및 자치구·시·군, 읍·면·동별로 당원협의회를 둘 수 있다. 다만, 누구든지 시·도당 하부조직의 운영을 위하여 당원협의회 등의 사무소를 둘 수 없다.

제38조(정책연구소의 설치·운영)

① 「정치자금법」 제27조(보조금의 배분)의 규정에 의한 보조금 배분대상 정당(이하 "보조금 배분대상정당"이라 한다)은 정책의 개발·연구활동을 촉진하기 위하여 중앙당에 별도 법인으로 정책연구소(이하 "정책연구소"라 한다)를 설치·운영하여야 한다.

② 국가는 정책연구소의 활동을 지원할 수 있다.

제39조(정책토론회)

① 「공직선거법」 제8조의7(선거방송토론위원회)의 규정에 의한 중앙선거방송토론위원회는 보조금 배분대상정당이 방송을 통하여 정강·정책을 알릴 수 있도록 하기 위하여 임기만료에 의한 공직선거(대통령의 궐위로 인한 선거 및 재선거를 포함한다)의 선거일 전 90일(대통령의 궐위로 인한 선거 및 재선거에 있어서는 그 선거의 실시사유가 확정된 날)부터 선거일까지를 제외한 기간 중 연 2회 이상 중앙당의 대표자·정책연구소의 소장 또는 중

앙당의 대표자가 지정하는 자를 초청하여 정책토론회(이하 "정책토론회"라 한다)를 개최하여야 한다.

② 공영방송사(한국방송공사와 「방송문화진흥회법」에 의한 방송문화진흥회가 최다 출자자인 방송사업자를 말한다. 이하 이 조에서 같다)는 정책토론회를 당해 텔레비전방송을 통하여 중계방송하여야 하며, 그 비용은 공영방송사가 부담한다.

③ 「공직선거법」 제82조의2(선거방송토론위원회 주관 대담·토론회)제7항 내지 제9항·제12항 및 제13항의 규정은 정책토론회에 이를 준용한다. 이 경우 "대담·토론회"는 "정책토론회"로, "각급 선거방송토론위원회"는 "중앙선거방송토론위원회"로 본다.

④ 정책토론회의 개최·진행 및 고지 그 밖에 필요한 사항은 중앙선거관리위원회규칙으로 정한다.

제39조의2(정책선거 활성화를 위한 공익광고)

① 「방송법」에 따른 지상파방송사는 임기만료에 의한 공직선거가 실시되는 연도에 정책선거 활성화를 위한 공익광고를 5회 이상 중앙선거관리위원회규칙으로 정하는 시간대에 하여야 하며, 그 비용은 해당 방송사가 부담한다.

② 제1항의 공익광고를 위하여 「방송광고판매대행 등에 관한 법률」에 따른 한국방송광고진흥공사(이하 이 조에서 "한국방송광고진흥공사"라 한다)는 그 부담으로 방송광고물을 제작하여 1회 이상 지상파방송사에 제공하여야 한다.

③ 한국방송광고진흥공사는 제2항에 따른 방송광고물을 제작하고자 하는 때에는 그 방송광고의 주제에 관하여 중앙선거관리위원회와 협의하여야 한다.

제40조(대체정당의 금지)

정당이 헌법재판소의 결정으로 해산된 때에는 해산된 정당의 강령(또는 기본정책)과 동일하거나 유사한 것으로 정당을 창당하지 못한다.

제41조(유사명칭 등의 사용금지)

① 이 법에 의하여 등록된 정당이 아니면 그 명칭에 정당임을 표시하는 문자를 사용하지 못한다.

② 헌법재판소의 결정에 의하여 해산된 정당의 명칭과 같은 명칭은 정당의 명칭으로 다시 사용하지 못한다.

③ 창당준비위원회 및 정당의 명칭(약칭을 포함한다)은 이미 신고된 창당준비위원회 및 등록된 정당이 사용 중인 명칭과 뚜렷이 구별되어야 한다.

④ 제44조(등록의 취소)제1항의 규정에 의하여 등록취소된 정당의 명칭과 같은 명칭은 등록취소된 날부터 최초로 실시하는 임기만료에 의한 국회의원선거의 선거일까지 정당의 명칭으로 사용할 수 없다.

제42조(강제입당 등의 금지)

① 누구든지 본인의 자유의사에 의하는 승낙 없이 정당가입 또는 탈당을 강요당하지 아니한다. 다만, 당원의 제명처분은 그러하지 아니하다.

② 누구든지 2 이상의 정당의 당원이 되지 못한다.

제43조(비밀엄수의 의무)

각급 선거관리위원회 위원과 직원은 재직 중은 물론 퇴직 후라도 직무상의 비밀을 엄수하여야 한다.

제7장 정당의 소멸

제44조(등록의 취소)

① 정당이 다음 각 호의 어느 하나에 해당하는 때에는 당해 선거관리위원회는 그 등록을 취소한다.

1. 제17조(법정시·도당수) 및 제18조(시·도당의 법정당원 수)의 요건을 구비하지 못하게 된 때. 다만, 요건의 흠결이 공직선거의 선거일 전 3월 이내에 생긴 때에는 선거일 후 3월까지, 그 외의 경우에는 요건흠결 시부터 3월까지 그 취소를 유예한다.
2. 최근 4년간 임기만료에 의한 국회의원선거 또는 임기만료에 의한 지방자치단체의 장선거나 시·도의회의원선거에 참여하지 아니한 때
3. 임기만료에 의한 국회의원선거에 참여하여 의석을 얻지 못하고 유효투표총수의 100분의 2 이상을 득표하지 못한 때

② 제1항의 규정에 의하여 등록을 취소한 때에는 당해 선거관리위원회는 지체 없이 그 뜻을 공고하여야 한다.

제45조(자진해산)

① 정당은 그 대의기관의 결의로써 해산할 수 있다.

② 제1항의 규정에 의하여 정당이 해산한 때에는 그 대표자는 지체 없이 그 뜻을 관할 선거관리위원회에 신고하여야 한다.

제46조(시·도당 창당승인의 취소)

중앙당 또는 그 창당준비위원회는 시·도당 창당승인에 대한 취소사유와 절차를 당헌 또는 창당준비위원회 규약에 정하여야 하며, 당헌 또는 규약에서 정한 외의 사유로 창당승인을 취소하는 때에는 중앙당 또는 그 창당준비위원회의 대의기관에서 투표로 결정하여야 한다.

제47조(해산공고 등)

제45조(자진해산)의 신고가 있거나 헌법재판소의 해산결정의 통지나 중앙당 또는 그 창당준비위원회의 시·도당 창당승인의 취소통지가 있는 때에는 당해 선거관리위원회는 그 정당의 등록을 말소하고 지체 없이 그 뜻을 공고하여야 한다.

제48조(해산된 경우 등의 잔여재산 처분)

① 정당이 제44조(등록의 취소)제1항의 규정에 의하여 등록이 취소되거나 제45조(자진해산)의 규정에 의하여 자진해산한 때에는 그 잔여재산은 당헌이 정하는 바에 따라 처분한다.

② 제1항의 규정에 의하여 처분되지 아니한 정당의 잔여재산 및 헌법재판소의 해산결정에 의하여 해산된 정당의 잔여재산은 국고에 귀속한다.

③ 제2항에 관하여 필요한 사항은 중앙선거관리위원회규칙으로 정한다.

제7장의2 보칙

제48조의2(당대표경선사무의 위탁)

① 「정치자금법」 제27조에 따라 보조금의 배분대상이 되는 정당의 중앙당은 그 대표자의 선출을 위한 선거(이하 이 조에서 "당대표경선"이라 한다)사무 중 투표 및 개표에 관한 사무의 관리를 중앙선거관리위원회에 위탁할 수 있다.

② 중앙선거관리위원회가 제1항에 따라 당대표경선의 투표 및 개표에 관한 사무를 수탁관리하는 경우 그 비용은 해당 정당이 부담한다.

③ 제1항에 따라 정당의 중앙당이 당대표경선사무를 위탁하는 경우 그 구체적인 절차와 필요한 사항은 중앙선거관리위원회규칙으로 정한다.

제8장 벌칙

제49조(당대표경선 등의 자유방해죄)

① 정당의 대표자·투표로 선출하는 당직자(당직자의 선출을 위한 선거인단을 포함한다. 이하 같다)의 선출을 위한 선거(이하 "당대표경선 등"이라 한다)와 관련하여 다음 각 호의 어느 하나에 해당하는 자는 5년 이하의 징역 또는 1천만 원 이하의 벌금에 처한다.

1. 후보자·후보자가 되고자 하는 자 또는 당선인을 폭행·협박 또는 유인하거나 체포·감금한 자
2. 선거운동 또는 교통을 방해하거나 위계·사술 그 밖에 부정한 방법으로 당대표경선 등의 자유를 방해한 자
3. 업무·고용 그 밖에 관계로 인하여 자기의 보호·지휘·감독을 받는 자에게 특정 후보자를 지지·추천하거나 반대하도록 강요한 자

② 당대표경선 등과 관련하여 다수인이 선거운동을 위한 시설·장소 등에서 위험한 물건을 던지거나 후보자를 폭행한 때에는 다음 각 호의 구분에 따라 처벌한다.

1. 주모자는 3년 이상의 유기징역
2. 다른 사람을 지휘하거나 다른 사람에 앞장서서 행동한 자는 7년 이하의 징역
3. 다른 사람의 의견에 동조하여 행동한 자는 2년 이하의 징역

제50조(당대표경선 등의 매수 및 이해유도죄)

① 당대표경선 등과 관련하여 다음 각 호의 어느 하나에 해당하는 자는 3년 이하의 징역 또는 600만 원 이하의 벌금에 처한다.

1. 정당의 대표자 또는 당직자로 선출되거나 되게 하거나 되지 못하게 하거나 선거인(당대표경선 등의 선거인명부에 등재된 자를 말한다. 이하

이 조에서 같다)으로 하여금 투표를 하게 하거나 하지 아니하게 할 목적으로 후보자(후보자가 되고자 하는 자를 포함한다)·선거운동관계자·선거인 또는 참관인에게 금품·향응 그 밖에 재산상의 이익이나 공사의 직을 제공하거나 그 제공의 의사를 표시하거나 그 제공을 약속한 자. 다만, 정당의 중앙당이 당헌에 따라 개최하는 전국 단위의 최고 대의기관 회의에 참석하는 당원에게 정당의 경비로 제공하는 교통편의 및 중앙선거관리위원회규칙으로 정하는 바에 따라 의례적으로 제공할 수 있는 음식물은 그러하지 아니하다.

2. 제1호에 규정된 이익이나 직의 제공을 받거나 그 제공의 의사표시를 승낙한 자

② 제1항제1호·제2호에 규정된 행위에 관하여 지시·권유·요구하거나 알선한 자는 5년 이하의 징역 또는 1천만 원 이하의 벌금에 처한다.

제51조(당대표경선 등의 매수 및 이해유도죄로 인한 이익의 몰수)

제50조(당대표경선 등의 매수 및 이해유도죄)의 죄를 범한 자가 받은 이익은 이를 몰수한다. 다만, 그 전부 또는 일부를 몰수할 수 없을 때에는 그 가액을 추징한다.

제52조(당대표경선 등의 허위사실공표죄)

① 당대표경선 등과 관련하여 당선되거나 되게 할 목적으로 연설·방송·신문·통신·잡지·벽보·선전문서 그 밖의 방법으로 후보자에게 유리하도록 후보자, 그의 배우자 또는 직계존·비속이나 형제자매의 소속·신분·직업·재산·경력·학력·학위 또는 상벌에 관한 허위의 사실을 공표한 자와 허위의 사실을 게재한 선전문서를 배포한 자(배포할 목적으로 소지한 자를 포함한다)는 3년 이하의 징역 또는 6백만 원 이하의 벌금에 처한다.

② 당대표경선 등과 관련하여 당선되지 못하게 할 목적으로 연설·방송·신문·통신·잡지·벽보·선전문서 그 밖의 방법으로 후보자에게 불리하도록 후보

자, 그의 배우자 또는 직계존·비속이나 형제자매에 관하여 허위의 사실을 공표한 자와 허위의 사실을 게재한 선전문서를 배포한 자(배포할 목적으로 소지한 자를 포함한다)는 5년 이하의 징역 또는 1천만 원 이하의 벌금에 처한다.

제53조(위법으로 발기인이나 당원이 된 죄)

제22조(발기인 및 당원의 자격)제1항 단서의 규정을 위반하여 정당의 발기인이나 당원이 된 자는 1년 이하의 징역이나 100만 원 이하의 벌금에 처한다.

제54조(입당강요죄 등)

제42조(강제입당 등의 금지)제1항의 규정을 위반하여 정당가입 또는 탈당을 강요한 자는 2년 이하의 징역 또는 200만 원 이하의 벌금에 처한다.

제55조(위법으로 정당에 가입한 죄)

제42조(강제입당 등의 금지)제2항의 규정을 위반하여 2 이상의 정당의 당원이 된 자는 1년 이하의 징역 또는 100만 원 이하의 벌금에 처한다.

제56조(당원명부 강제열람죄)

당원명부의 열람을 강요한 자는 5년 이하의 징역에 처한다.

제57조(보고불이행 등의 죄)

제36조(보고 또는 자료 등의 제출의 요구)의 규정에 의한 선거관리위원회의 보고 또는 자료제출의 요구에 정당한 사유 없이 응하지 아니하거나 이에 허위의 보고나 기재를 한 자 또는 제35조(정기보고)제1항 내지 제3항의 규정에 의한 보고를 하지 아니하거나 그 보고서에 허위의 기재를 한 자는 2년 이하의 징역이나 200만 원 이하의 벌금에 처한다.

제58조(공무상 지득한 사실누설죄 등)

다음 각 호의 어느 하나에 해당하는 자는 3년 이하의 징역이나 금고에 처한다.

1. 제24조(당원명부)제4항 후단의 규정을 위반하여 당원명부에 관하여 지득한 사실을 누설한 자
2. 제43조(비밀엄수의 의무)의 규정을 위반하여 직무상의 비밀을 엄수하지 아니한 자

제59조(허위등록신청죄 등)

① 다음 각 호의 어느 하나에 해당하는 자는 2년 이하의 징역이나 200만 원 이하의 벌금에 처한다.

1. 허위로 제12조(중앙당의 등록신청사항) 또는 제13조(시·도당의 등록신청사항)의 등록신청을 한 자
2. 허위로 제14조(변경등록)의 변경등록신청을 한 자
3. 제37조(활동의 자유)제3항 단서의 규정을 위반하여 시·도당 하부조직의 운영을 위하여 당원협의회 등의 사무소를 둔 자

② 제41조(유사명칭 등의 사용금지)제1항 또는 제2항의 규정을 위반한 자는 1년 이하의 징역이나 100만 원 이하의 벌금에 처한다.

제60조(각종 의무해태죄)

① 제24조(당원명부)제1항 또는 제26조(탈당원명부)의 규정을 위반하여 당원명부나 탈당원명부를 비치하지 아니한 자는 1년 이하의 징역 또는 50만 원 이상 300만 원 이하의 벌금에 처한다.

② 제25조(탈당)제3항의 규정을 위반한 자는 100만 원 이하의 벌금에 처한다.

③ 제27조(당원명부 등의 인계)의 규정을 위반하여 관련 서류와 인장 등을 인계하지 아니한 자는 2년 이하의 징역 또는 200만 원 이하의 벌금에 처한다.

제61조(창당방해 등의 죄)

① 위계 또는 위력으로써 창당준비활동을 방해하여 창당준비위원회의 기

능을 상실 또는 일시 정지하게 한 자는 7년 이하의 징역 또는 3천만 원 이하의 벌금에 처한다.

② 위계 또는 위력으로써 정당 활동을 방해하여 정당의 기능을 상실 또는 일시 정지하게 한 자도 제1항에 규정하는 형(刑)에 처한다.

제62조(과태료)

① 다음 각 호의 어느 하나에 해당하는 행위를 한 자는 100만 원 이하의 과태료에 처한다.

1. 제14조(변경등록)의 규정에 의한 변경등록신청을 해태한 자
2. 제20조(합당된 경우의 등록신청)제1항의 규정에 의한 등록신청 또는 같은 조 제4항의 규정에 의한 신고를 해태한 자
3. 제35조(정기보고)제1항 내지 제3항의 규정에 의한 보고를 해태한 자

② 제1항의 규정에 의한 과태료는 중앙선거관리위원회규칙이 정하는 바에 의하여 관할 선거관리위원회(읍·면·동선거관리위원회를 제외한다)가 위반자에게 부과하며, 납부기한까지 납부하지 아니한 때에는 관할 세무서장에게 위탁하고 관할 세무서장이 국세체납처분의 예에 따라 이를 징수한다.

이 저서는 2017년 대한민국 교육부와 한국연구재단의
한국사회과학연구(NRF-2017S1A3A2066657)의 지원을 받아 수행한 연구임.

정치연구총서 09

한국의 정당정치
지구당 부활 논란을 중심으로

제1판 1쇄 2024년 2월 28일

지은이 이정진
펴낸이 장세린
편집 배성분, 박을진
디자인 장세영

펴낸곳 (주)버니온더문
등록 2019년 10월 4일(제2020-000051호)
주소 서울특별시 용산구 청파로93길 47
홈페이지 http://bunnyonthemoon.kr
SNS https://www.instagram.com/bunny201910/
전화 010-3747-0594 팩스 050-5091-0594
이메일 bunny201910@gmail.com

ISBN 979-11-93671-06-1 (94340)
ISBN 979-11-980477-3-1 (세트)

책값은 뒤표지에 있습니다.
파본은 구입하신 서점에서 교환해드립니다.